ÉTUDE

SUR

L'ADMINISTRATION

DES

FINANCES MUNICIPALES

LE MUNICIPE ROMAIN

LES FINANCES DE LA COMMUNE

et la

QUESTION DES OCTROIS

PAR

CHARLES BLANC

AVOCAT A LA COUR D'APPEL,
DOCTEUR EN DROIT.

> « C'est toujours du mieux qu'il faut
> « s'occuper dans la théorie. »
> TURGOT.

PARIS

A. COTILLON ET Cⁱᵉ, IMPRIMEURS-ÉDITEURS,

Libraires du Conseil d'État

24, RUE SOUFFLOT, 24.

1880

ETUDE

SUR

L'ADMINISTRATION

DES

FINANCES MUNICIPALES

ÉTUDE

SUR

L'ADMINISTRATION

DES

FINANCES MUNICIPALES

LE MUNICIPE ROMAIN

LES FINANCES DE LA COMMUNE

et la

QUESTION DES OCTROIS

PAR

Charles BLANC

AVOCAT A LA COUR D'APPEL,
DOCTEUR EN DROIT.

« C'est toujours du mieux qu'il faut
s'occuper dans la théorie. »
TURGOT.

PARIS

A. COTILLON ET Cⁱᵉ, IMPRIMEURS-ÉDITEURS,
Libraires du Conseil d'Etat
24, RUE SOUFFLOT, 24.

1880

PREMIÈRE PARTIE

LE MUNICIPE ROMAIN

INTRODUCTION.

Ce n'est pas l'histoire du municipe romain que
nous entreprenons ici; nos maîtres les plus émi-
nents ont retracé les origines, le développement et
la décadence du régime municipal. Loin d'avoir la
prétention de refaire leur œuvre, nous nous bornerons, dans cette modeste étude, à rechercher
quels furent, sur les finances municipales, les effets
du système de centralisation excessive inauguré
par Dioclétien et perfectionné par Constantin. Il
serait trop long en effet de suivre pas à pas la cité
romaine dans les trois étapes que présente son
histoire; dire comment le municipe ne fut au début
qu'une *universitas* sans personnalité politique, à
cette époque où Rome concentrait dans son sein
toute la vie et toutes les intelligences; — montrer
ensuite comment le despotisme naissant des
Empereurs refoula vers les provinces, dans une
sorte d'exil volontaire, tout citoyen soucieux de
son honneur et de sa liberté; comment la vie locale
puisa une intensité grande dans ce retour vers les
provinces des hommes de talent et de cœur; ce
serait là une étude aussi intéressante que féconde

1.

en enseignements politiques, mais qui dépasserait
à coup sûr les bornes de ce travail.

Nous nous placerons simplement à l'époque où
la splendeur du régime municipal commence à
pâlir; où la centralisation croissante étouffe la
vie locale sous l'action de plus en plus despotique
du gouvernement impérial. C'est à partir de cette
époque que nous commencerons à suivre le municipe dans sa marche vers la ruine. Nous trouverons
sous Domitien la liberté administrative encore
entière, les représentants de l'Empereur n'exer-
çant à cette époque sur les affaires municipales
qu'une surveillance tutélaire et discrète; mais peu
à peu nous verrons le rôle des gouverneurs de province grandir de plus en plus; nous les verrons
s'immiscer dans toutes les affaires du municipe,
et dès ce moment la ruine commence. Elle s'accé-
lère le jour où la haute juridiction passe des magistrats locaux au président de la province, et
bientôt l'empire est une véritable monarchie où
tout l'*imperium* est aux mains du prince et de ses
délégués. Lorsque ce pouvoir de juridiction fut
complet, il ne resta plus sous le nom de municipe
qu'une circonscription financière, sorte de rouage
fiscal, sur lequel l'empire chancelant chercha vainement à s'appuyer et qu'il entraîna avec lui dans
sa chûte.

CHAPITRE PREMIER.

CONSTITUTION POLITIQUE DU MUNICIPE.

Les Comices. — Rôle du peuple dans l'administration de
la cité. — La Curie, sa composition, ses attributions.—
Les magistratures municipales; *Honores*, *Munera*.

L'organisation du municipe, à l'époque impériale, peut se réduire à trois éléments : le peuple
réuni dans ses comices: la curie chargée de l'administration générale de la Cité ; les magistrats,
préposés à la gestion de ses intérêts. Etudions successivement le rôle que jouait, dans la vie municipale, chacun de ces trois éléments politiques.

I. C'est par l'élection des magistrats que le
peuple intervient dans l'administration de la Cité.,
Le vote a lieu, pour chaque curie, dans une enceinte particulière, au scrutin secret, au moyen de
tablettes jetées dans une corbeille. Les scrutateurs
sont pris dans une autre curie et prêtent serment:
chaque candinat peut faire surveiller leurs opérations. Convoqués chaque année aux calendes de
juillet, les comices sont présidés par un magistrat
supérieur, le plus âgé des duumvirs, d'après la loi

de Malaga. Le président des comices dresse la liste des candidats; rejette les indignes; vérifie si les futurs administrateurs des biens de la Cité ont fourni les cautions et sûretés légales; et enfin, une fois le vote acquis, en proclame le résultat. Ainsi étaient élus, par les suffrages réunis de chaque curie, les duumvirs, les édiles et les questeurs.

Mais, vers le règne de Tibère, nous voyons une révolution se produire: tandis que le rôle du peuple s'amoindrit, nous voyons celui du président des comices grandir: nous venons de le voir investi de la *nominatio*, c'est-à-dire chargé de contrôler et de dresser la liste des candidats: nous allons le voir exercer la *creatio*; le magistrat nouveau ne sera plus l'élu du peuple; il sera nommé par le président des comices. Bientôt tout magistrat sortant de charge dut désigner son successeur; le Sénat se bornait à ratifier cette *nominatio*. Cette révolution annihilait le rôle du peuple: Tibère avait voulu faire le silence dans le Forum.

Il semble toutefois que ce régime ne s'étendit pas dès ce moment à tout l'empire: la loi de Malaga nous montre en effet des comices fonctionnant sous Domitien; et les inscriptions découvertes à Pompeï nous apprennent que la ville fut surprise par l'éruption du Vésuve, au moment où se préparait l'élection des duumvirs et des édiles. L'édit de Tibère fut sans doute applicable à la seule ville de Rome, où les Césars voulaient avant tout étouffer la liberté ; et si plus tard, dans les provinces, la *creatio* par le magistrat remplaça la *nominatio*, ce fut par une substitution lente, plutôt que par une révolution législative.

II. Le deuxième élément politique du municipe était la Curie. A l'exemple du Sénat romain, il y avait dans chaque cité un corps composé de décurions ou curiales, chargé d'administrer la fortune publique : c'était la curie ou *ordo*, que l'orgueil provincial appelait parfois *senatus*, à l'image de Rome. Si nous en croyons Pomponius, les décurions seraient ainsi appelés, parce que chaque colonie qui se fondait prenait parmi ses membres dix délégués, chargés de (*curare*), gérer les intérêts communs. La table d'Héraclée emploie, pour les désigner, les mots de *senatores, decuriones, conscripti*.

Cette assemblée formait une *universitas*, composée le plus souvent de 100 membres : témoin le Sénat de Capoue. L'*album* de la ville de Canusium (en l'an 223 de notre ère) nous montre le tableau sur lequel sont incrits les membres de la curie, dans l'ordre de présence : en première ligne les patrons de la ville ; puis les *quinquennales*, les *duumviri*, les *questores*, les *pedanei* ensuite, et enfin les *pretextati*. C'est également dans cet ordre que le Code théodosien nous montre les *honorati* assis, les autres debout, délibérant sur les affaires publiques. Leurs décisions, depuis

Théodose, doivent être prises par les deux tiers des
membres pour être valables, et peuvent être ré-
formées par l'empereur.

Sans entrer dans les discussions qui ont exercé
la science ingénieuse de MM. Roth, de Savigny
et Raincourt, disons quelques mots du recrute-
ment de la Curie. Dans une première période qui
va jusqu'au XI⁰ siècle de notre ère environ, les
décurions sont nommés par les magistrats municipaux qui ont plein pouvoir pour compléter l'*album* et en combler les vides, comme aussi pour
en rayer les curiales indignes. La *lectio censoria*
devait porter d'abord, et de droit, sur les magistrats sortis de charge ; à leur défaut, les vides
étaient comblés par la *lectio* de tout citoyen idoine.
Les cas d'exclusion pour indignité, fort nombreux
dans la table d'Héraclée, disparaissent peu à peu,
à mesure que la décadence |du régime municipal
ouvre plus larges chaque jour les vides de la Curie.

A l'époque des jurisconsultes, il n'y a plus de
lectio par les magistrats : la curie se recrute elle-
même par *cooptatio*, et devient, suivant l'expression de M. de Valroger, une « oligarchie véni-
tienne. »

Désormais les décurions, comme les magistrats,
sont les élus de la curie : le peuple se voit réduit
au rôle d'un mineur en tutelle et l'*ordo* prend sa
place.

Fixer la date exacte de cette révolution, comme

celle de la suppression des comices, serait difficile : tout au moins est-on fondé à croire qu'elle se place entre le règne de Trajan et celui de Septime Sévère.

Les chefs de familles curiales sont forcés par Valentinien et Valens, puis par Constantin et Constance, de remplir les fonctions publiques ; de plus, ils sont chargés, par délégation du prince, de percevoir les tributs, de recueillir l'annone : ils répondent sur leurs biens propres de la rentrée de ces impôts. Si lourdes que soient ces charges, rien ne peut les y soustraire, ni l'engagement dans la milice, ni l'entrée dans les ordres. Des lois sont rendues pour enchaîner le curiale à la curie : elles sont impuissantes, et bientôt les juifs eux-mêmes se voient incorporés de force dans l'*ordo*. La dignité de curiale, jadis si enviée, devient une expiation imposée aux criminels : l'élection aux fonctions publiques, une vengeance contre un ennemi qu'on veut ruiner. Alexandre Sévère annule vainement ces élections dictées par la haine, la curie se vide de plus en plus ; et le Code Théodosien nous montre, à la fin du IVe siècle, les curies désertes, les cités sans magistrats et le fisc sans percepteurs.

III. Nous avons esquissé à grands traits la composition des comices et de la Curie ; il nous reste à dire quelques mots sur les magistratures municipales. Les fonctionnaires chargés de l'administration des villes se divisaient en deux classes, suivant l'importance de leurs attributions : nous distinguerons en effet des *honores* et des *munera.*

Les *honores* étaient ce que nos constitutions appellent des magistratures, c'est-à-dire des délégations plus ou moins étendues de la puissance publique, de l'*imperium.*

Les *munera* n'étaient autre chose que des emplois inférieurs, sans pouvoir, ni dignité particuliers.

Les *honores* se réduisaient à quelques hautes fonctions toutes gratuites, dont l'ensemble constituait l'administration supérieure de la cité. C'étaient les *II viri juridicundo,* magistrats dont le rôle judiciaire est étranger à cette étude; les *II viri ædilitiæ potestatis,* investis de certaines attributions de police dont nous parlerons en étudiant l'administration des biens des cités; enfin, le *quæstor,* fonctionnaire chargé des intérêts financiers de la ville. C'est le seul auquel nous réserverons une large place dans notre étude, quand nous nous occuperons de la gestion des finances municipales.

Comment se faisait la nomination de ces magistrats suprêmes, investis des *honores?* Nous sommes loin déjà du temps où les comices populaires faisaient des magistrats; les institutions municipales penchent vers leur décadence; le rôle du peuple est annulé et la curie nomme elle-même les magistrats.

Un décret rendu par cette assemblée, les deux tiers des membres au moins étant présents, nomme, sur la présentation du magistrat sortant de charge, celui qui prendra sa place. Choisir un candidat riche, telle était la première condition imposée à la Curie par la loi et par la nécessité de cette organisation toute fiscale. Nous en verrons la raison en étudiant la responsabilité écrasante qui pesait sur les magistrats municipaux.

Pour répartir cette lourde charge avec une ombre d'égalité, le *præses provinciæ* dut surveiller le le choix des décurions. Peu à peu, cette surveillance se transforma en conseils impérieux. En dernier lieu, la *nominatio*, que nous avons vu passer du peuple à la Curie, passe de la Curie au gouverneur de la province, et on peut dire que la *creatio* repose dans les mains du pouvoir central. Cette abdication des curiales se fit sans peine. Renoncer au droit de *nominatio* fut pour eux facile, car le *præses provinciæ* usurpant cette ancienne prérogative municipale, assumait du même coup la lourde responsabilité du *nominator* que nous étudierons par la suite et dont tout décurion redoutait l'écrasant fardeau. Au déclin de l'empire, nous voyons d'ailleurs les *honores* réduits à un seul : les fonctions des édiles et des questeurs passent à un agent unique, le *curator reipublicæ*, la juridiction des duumvirs au président de la province. Le rôle prépondérant du *curator reipu-*

blicæ dans la gestion des finances municipales lui
donne une place d'honneur parmi lee agents fiscaux dont nous étudierons bientôt les fonctions.
Nous aurons ensuite à signaler, au milieu de la
décadence de toutes les institutions qui marque
les derniers jours de l'empire, l'apparition d'un
magistrat nouveau, remplaçant à son tour le *curator reipublicæ :* je **veux** parler du *defensor civitatis.*

A côté et au dessous des *honores* nous avons signalé les *munera.* Ces charges inférieures peuvent se diviser en trois classes : les *munera personalia, patrimonalia* et *mixta.*

Parmi ces divers services municipaux, examinons d'abord les *munera personalia.* Hermogé-
nien nous en donne une énumération assez longue : citons dans le nombre les transports pour
les services publics, les achats de blés et d'huile
pour le compte de la cité, la questure, la rédac-
tion des rôles de l'impôt, la défense judiciaire de
la cité, etc., etc.

La loi 18 § 1, *De muneribus,* définit exactement le caractère de ces charges personnelles;
« Munera personalia sunt quæ, animi provisione
« et corporalis laboris intentione, perpretran-
« tur.»

Les offices patrimoniaux, à la différence des
personnels, sont ceux qui sont gérés aux frais et
aux risques de ceux qui les administrent. Ils peu-

vent comprendre toute espèce de prestations en
nature, établies en vertu de l'usage ou des lois
municipales. Ces *intributiones* pouvaient être exi-
gées de tout individu possédant des terres sur le
territoire de la ville : citons parmi ces charges les
fournitures et logements pour les hommes de
guerre, pour la suite des présidents de province,
l'achat dans certaines provinces, pour le service
public, de vin, de blé, d'huile, etc. Parmi les charges municipales imposées aux seuls *incolæ* et *municipes*, plaçons en première ligne la *cura ludorum* et la perception des impôts: deux des plus
lourdes charges des municipes qui feront dans un
autre chapitre l'objet d'une étude plus approfondie.

Les offices mixtes, *munera mixta*, sont ceux
des dix ou vingt premiers citoyens de la cité, qui
surveillent le recouvrement des tributs et indem-
nisent le fisc des pertes causées par l'insolvabilité
de ses débiteurs.

Ajoutons à ces divers offices municipaux, les
fonctions : de *legatus* ou député de la cité vers le
gouverneur ou vers le prince, charge gratuite, la
dépense de route seule étant payée ; — de *syndicus*, que M. Raynòuard confond avec le *defensor
civitatis*, et qui est un simple *procurator ad litem*,
chargé par la Curie de représenter la cité en justice,
et de dénoncer tout acte tendant à usurper sur les
droits du municipe ; du *susceptor*, sorte de collec-

teur des redevances dues à l'État ; de l'*irénarque*, chargé de la police de la cité et de la sûreté publique. Un certain nombre de *curatores* remplissaient, sous les ordres du *curator reipùblicæ*, des fonctions inférieures que nous indiquerons plus tard.

Tel est, rapidement tracé, le tableau des fonctions publiques imposées aux habitants de la cité : Ces *munera* étaient déférés par les magistrats aux plus idoines et un décret, rendu par la majorité des membres de la Curie, conférait la charge. Nul ne pouvait s'y soustraire, à moins qu'il ne fît valoir une juste cause d'excuse, ou ne justifiât du privilège des *immunes*. Ces privilèges et exemptions se multipliant sans mesure vers les derniers temps de l'Empire, la Curie ne fut plus composée que de la classe moyenne des propriétaires qu'aucun privilège ne distinguait dans la cité et que cependant leur pauvreté n'excluait pas de la Curie. Destinés irrévocablement aux fonctions et charges que nous venons d'énumérer, leur ruine était certaine.

Tel est donc l'état politique du municipe, à l'époque de la décadence : le peuple, réduit au silence, n'a plus d'ardeur que pour les spectacles et les fêtes ; la Curie, pliant sous les charges fiscales, est dominée par les agents impériaux ; le municipe, comme tout va nous le montrer dans la suite n'est plus, aux yeux des empereurs, qu'un rouage fiscal, prêt à se briser dans leurs mains.

CHAPITRE II.

RESSOURCES ET CHARGES DU MUNICIPE.

I.

Capacité et personnalité civile de la cité. — Comment elle acquiert entre-vifs — *ab intestat* — par testament. — Comment elle s'oblige *ex contractu* — *ex delicto*. — Patrimoine de la cité. — Domaine public. — Domaine privé.

L'idée de la personnalité civile des cités n'apparaît qu'assez tard dans l'histoire des municipes, et se développe lentement. Considérés au début comme de simples sociétés régies par des règles particulières, ce ne fut que par une suite de progrès insensibles qu'on leur reconnut le caractère d'*universitates* avec tous les effets de la personnalité civile. Tant que le principe de la liberté d'association fut respecté, ces réunions libres de citoyens n'eurent pas le caractère de *personæ* : elles ne pouvaient être ni créancières, ni débitrices, ni propriétaires, leurs biens étaient ou publics ou indivis. Le jour où la liberté d'association fut limitée par des lois, ce fut un rescrit du prince qui conféra aux sociétés, en même temps que l'autorisation, le caractère de personnes civiles. Les cités profitèrent de ces modifications législatives qui ne datent guère que du premier siècle de notre ère.

Sans entrer dans la controverse qui divise Paul et Ulpien, reconnaissons avec ce dernier (1) aux municipes le droit de possession, exercé par l'intermédiaire du *syndicus* ou de tout autre représentant légal de la cité. Quant au droit de propriété, Ulpien et Gaïus sont d'accord pour le reconnaître aux municipes : leurs biens ne sont ni publics, ni indivis entre les citoyens, ils les ont en propriété tout comme un simple particulier (2).

Florentinus nous dit formellement que le municipe est une personne civile : *personæ vice fungitur*; Ulpien et Gaïus lui reconnaissent le droit d'avoir un patrimoine. Enumérons, avant d'étudier la composition de ce patrimoine, les diverses voies légales ouvertes à la cité pour se constituer un domaine, et d'abord demandons-nous par quels modes la cité romaine pouvait acquérir entre-vifs?

Le jour où la personnalité des villes fut reconnue, des six modes d'acquérir indiqués par Ulpien,

---

(1) Loi 2, D. *De adq. vel omitt. prossessione*, XLI, II.
(2) Loi 16, D. *De verb. significatione*, L, XVI.

deux leur furent ouverts : la tradition et l'usuca-
pion. La règle rigoureuse posée par Gaïus « Nihil
per extraneam personam adquiri potest, » ne pouvait fléchir en faveur des municipes, aussi la man-
cipation leur fut elle fermée, à moins que l'*acci-
piens* ne fut un esclave de la cité, tout autre individu, fût-ce un mandataire, était impuissant à
lui acquérir la propriété.

La règle. plus stricte encore, qui régissait les
actions de la loi, « nemo alieno nomine lege agere
potest, » écartait également les cités du procès
fictif de l'*in jure cessio;* l'esclave public ne pouvait
pas même, devant la rigueur de la loi, tourner
la difficulté et servir d'instrument d'acquisition.

Quant à l'adjudication, ce mode d'acquérir fut
ouvert aux cités du jour où, autorisées à recevoir
per universitatem, elles purent recourir pour faire
cesser l'indivision aux actions *familiœ erciscundœ,
finium regundorum* et *communi dividundo.*

La cité pouvait acquérir entre-vifs, non-seulement la propriété, mais l'usufruit des biens; toutefois une double restriction était apportée à son
droit. La loi 68 (1) fixe la valeur qu'il sera permis de
donner en usufruit à la ville; pour servir de base
au calcul de la réduction (*quarte Falcidie*) la loi
fixe une durée de trente ans. La loi 56 (2) craignant

----

(1) Loi 68, *Ad legem Falcidiam*, XXXV, II, D.
(2) Loi 56, *De usufructu*, VII, I. D.

avec raison que l'usufruit donné aux *universitates* ne fut perpétuel, en réduit la durée à un maximum de cent ans, à moins que la personnalité de la cité ne s'éteigne avant l'expiration de ce délai.

La seule succession *ab intestat* que pût attendre une cité, personne morale sans parenté ni alliance, était celle de ses affranchis, conséquence légale du droit de patronage exercé par le *manumissor*. Ce droit de succéder *ab intestat*, reconnu aux villes d'Italie par une loi *Vectibulici*, sous Trajan, fut étendu à tout l'empire par un sénatus-consulte rendu sous Hadrien. Ajoutons que le droit prétorien reconnaissait aux cités le droit de demander la *bonorum possessio* et de faire *agnitio bonorum* par mandataire, chaque fois que le droit civil les eût appelées à succéder, c'est-à-dire chaque fois qu'il s'agissait de la succession d'un de leurs affranchis.

Un autre lien, né comme le premier des institutions politiques de Rome, était celui qui reliait le décurion à la cité, et donnait à celle-ci un droit de succession *ab intestat* sur les biens du curiale mort sans héritiers légitimes; si le décurion laissait des filles, la cité prenait la moitié seulement de l'héritage; s'il était frappé de confiscation, c'est encore la cité qui recueillait son patrimoine; enfin, le décurion disposait-il de sa fortune par testament, la loi accordait encore à la ville une réserve.

Ulpien avait fait reconnaître comme un principe que le municipe ne pouvait être institué héritier (1). Un double motif avait fait accepter l'arrêt du jurisconsulte. La cité est incapable, comme personne incertaine; de plus, toute acceptation lui est impossible, puisque les deux voies de la *cretio* et de la *gestio pro herede* lui sont fermées, toute représentation étant interdite. Cette règle sévère fut si bien admise. que lorsque le roi Attale institua héritier le peuple romain, l'autorisation du Sénat fut nécessaire pour sanctionner l'institution du peuple par le roi barbare.

Bientôt cependant un sénatus-consulte Apronien permit aux cités de recevoir par la voie détournée du fidéicommis et le secours du sénatus-consulte Trébellien. Plus tard, un autre sénatus-consulte leur reconnut le droit d'être instituées directement par leurs affranchis, conséquence naturelle du droit de succession que leur accordait la loi. A quelle époque la cité arriva-t-elle à la capacité complète d'être héritière? Il serait difficile de donner sur ce point une date précise, ce qui est certain, c'est que nous trouvons ce droit reconnu aux cités par une Constitution de l'empereur Léon au Code, en l'année 469 (2). Dès ce jour, la cité put faire adition par un mandataire et

---

(1) Ulp. Reg. XXII, 5.
(2) Loi 12, C. VI, 13.

recueillir par testament comme un simple particulier.

Comme les legs universels, les legs particuliers au profit des cités furent interdits tout d'abord : une sentence de Paul nous l'apprend (1). Ce n'est que sous Nerva que les villes furent autorisées à recueillir des legs particuliers, et plus tard, sous Hadrien, un sénatus-consulte vint régler la matière jusque dans ses moindres détails. Les legs au profit des villes étaient soumis à la réduction de la loi Falcidie; aux conditions, termes et autres modalités imposées aux legs, selon le droit commun. Quand le legs consistait en une prestation annuelle, on calculait le capital nécessaire au service de la rente sur le pied de 4 pour 100 d'intérêt.

A côté des droits réels que nous venons d'énumér la cité avait certains droits personnels; elle pouvait acquérir une créance soit *ex contractu*, soit *ex delicto*. Parmi les contrats permis aux cités, nous aurons à étudier en première ligne le *mutuum* et le *pignus;* car c'étaient pour le municipe les deux moyens dont il se servait pour placer ses fonds ou contracter des emprunts. Nous verrons plus tard que la ville était représentée dans ces contrats par un administrateur ; remarquons dès maintenant qu'elle n'était tenue que

____

(1) Paul, Sent. III, VI, 24.

par la réception des deniers, et par suite jusqu'à concurrence du profit qu'elle en avait retiré (1). L'échange, la transaction, la vente, le louage étaient permis aux cités.

Nous avons vu la cité devenir créancière par le fait d'un contrat; elle le fut aussi par le fait d'un délit. En cas de vol des deniers municipaux, elle pouvait poursuivre le voleur. Par quelle action? Était-ce une simple action de vol, ou l'action *ex peculatu?* Toutes deux semblent être données à la cité. Quant aux magistrats prévaricateurs une constitution de Théodose et Honorius les frappe de la peine capitale, ainsi que leurs complices ou recéleurs.

La cité qui pouvait devenir débitrice *ex contractu*, le pouvait aussi *quasi ex debito;* elle était passible, en effet, de l'action noxale pour tous dommages causés par ses esclaves, ou par des animaux à elle appartenant. Mais elle n'était jamais responsable des délits de ses magistrats, administrateurs ou représentants. Seuls, les coupables pouvaient être poursuivis; la ville ne répondait que du bénéfice qu'elle avait pu tirer du délit.

Tels sont les moyens d'acquérir que la loi romaine offrait aux municipes. Étudions maintenant comment ils les mirent en œuvre et quels

------

(1) Loi 27, *De rebus creditis.*

biens constituaient leur opulent patrimoine.

Tout d'abord, dans ce domaine, dans ces *bona universitatis*, il faut faire une distinction capitale; nous mettrons d'une part le domaine public de la cité, celui destiné à l'usage commun des citoyens, les *res publicæ civitatum*, suivant l'expression d'Ulpien. Marqués du double caractère de l'imprescriptibilité et de l'inaliénabilité, ces biens sont, d'après Marcien, les théâtres, les stades, les fontaines, les aqueducs, les rues et places publiques, les *pomœria*, ou boulevards d'enceine, etc. Les mêmes règles s'appliquent aux *res sacræ*, c'est-à-dire aux temples, aux portes et remparts des villes.

La seconde partie du domaine des villes est celle qui nous occupera surtout, car nous y trouverons une des principales sources du revenu municipal; nous avons nommé le domaine privé de la cité. Productif, susceptible d'appropriation privée, il se compose de *res in commercio*, et la cité les possède comme un simple particulier. Ce sont d'abord des édifices, puis des terres arables et d'autres en friche; enfin des carrières de craie, de sable, des mines, des salines qu'elle faisait exploiter par des gérants ou par des fermiers. Il faut observer toutefois, que l'État se réservait le plus souvent le monopole de l'exploitation des mines, carrières et salines et la vente de certains produits. A côté de ces propriétés mobilières, mentionnons les esclaves de la cité, dont la location figurera parmi les ressources publiques et dont le pécule venait, à leur mort, enrichir le domaine municipal.

Les biens des cités, désignés sous le nom générique de *prædia*, étaient *urbana* ou *rustica*.

On considérait généralement comme propriété urbaine non seulement la maison située en ville, mais la métairie construite aux champs pour recueillir les récoltes. Les *prædia rustica* étaient d'abord les terres arables, réparties autour des métairies ·ou *villæ*. D'autres terrains étaient destinés, nous dit Scœvola, au pâturage : ces biens appartenaient en commun aux fonds qui les avoisinaient, et, au dire de Frontin, les Etrusques les désignaient sous le nom de *communalia*. Certains de ces terrains étaient en effet affectés à l'usage commun des propriétaires riverains. Mais il en était aussi qui restaient la propriété du municipe : ces *vicanalia*, abandonnés en jouissance à la masse commune des citoyens, répondaient aux mêmes besoins que nos *communaux* modernes.

Prévoyant des contestations possibles entre les particuliers et le municipe, le législateur avait créé des officiers chargés non seulement de la garde des propriétés communales, mais de juger les questions de limites ; c'étaient les *agrimensores*, magistrats municipaux investis d'une véritable juridiction par une constitution de Valentinien, Théodose et Arcadius.

Telle était la nature des biens possédés par les cités. Peu à peu, grâce à la sage administration de leurs magistrats, elles se virent à la tête d'un opulent patrimoine; trop riche, puisqu'il tenta la cupidité des Césars. Nous verrons plus tard, en effet, comment Constantin porta une main avide sur les terres des municipes; comment son fils Constant suivit son exemple; comment Julien, comprenant que dépouiller les municipes, c'était ruiner l'empire et tarir du même coup la caisse impériale, restitua leurs biens aux cités et leur rendit une prospérité éphémère.

Nous aurons ensuite à dire comment, après lui, la nécessité parla plus haut que ses sages conseils; comment ses successeurs ruinèrent la curie, après avoir ruiné le municipe. Il nous sera dès lors, facile de montrer pourquoi, lorsque Théodose et Valentinien, puis Majorien, tentèrent de relever les municipes de leur décadence, cet effort généreux vint trop tard: la forme municipale était morte, le jour où les cités avaient perdu leurs biens et leur autonomie.

II.

BUDGET MUNICIPAL.

Recettes ordinaires. — Revenus des fonds de terre et maisons. — Baux ordinaires — baux à long terme. — Produits des fonds placés. — Octrois et péages. — Recettes
extraordinaires. — Contributions extraordinaires. —
Emprunts. — Aliénation des biens municipaux. — Successions et legs. — Confiscations et amendes.

Avant de dresser, dans les pages qui vont suivre, l'inventaire des richesses du municipe et de
compter les ressources affectées aux lourdes charges dont nous aurons plus tard à tracer le tableau,
qu'il nous soit permis d'adopter la division de nos
budgets modernes, en recettes ordinaires et extraordinaires. Nous avons, en effet, mêmes raisons
de distinguer entre ces sources diverses du budget,
même intérêt à séparer le revenu normal et régulier du municipe d'avec les ressources supplémentaires, imprévues comme les besoins qui les
imposent.

Recettes ordinaires.

Au premier rang des recettes municipales, plaçons, comme une des plus importantes, le produit

de la location des édifices, des fonds de terre, et des esclaves appartenant à la cité.

Parmi les esclaves de la cité, les uns remplissaient les fonctions de greffier, de scribes; les autres étaient loués moyennant un prix annuel. La cité percevait pour les uns, le prix du louage ; pour les autres, elle recueillait leur pécule à leur mort.

Parmi les immeubles des cités, les uns, et c'étaient les terres les plus riches, les fonds les plus productifs, ne pouvaient être pris qu'a bail ordinaire. Soumis au même droit commun, le preneur avait, pour cinq ans le plus souvent, la jouissance du fonds loué, et suivait les mêmes règles que si le bailleur eut été un citoyen.

Il n'en était pas de même pour les baux à long terme, et c'étaient les plus fréquents. La raison en est fort simple. Les biens fonds que possédaient les villes étaient généralement des pâturages, sorte de communaux qu'elles avaient tout intérêt à voir défricher, ensemencer ou planter. Pour cela, il fallait intéresser le fermier au bénéfice de ces améliorations, et lui assurer avant tout une possession durable. De là naquit l'usage de donner à bail les biens fonds municipaux pour une durée qui fut ordinairement de dix ans, bail irrévocable tant que le preneur payait la redevance annuelle, ou vectigal, quand bien même le preneur mort eut transmis la tenure à son héritier.

L'intérêt de la cité était d'attacher pour longtemps le fermier à la terre. La durée du bail, révocable seulement par décision du prince, répondait déjà à ce besoin. On voulut augmenter encore ces garanties. Pour cela, constituer au preneur un droit réel, parut exagéré. On ne lui reconnut qu'un droit de louage ; mais ce droit, outre l'action *conducti* et les interdits possessoires du droit commun, fut protégé en outre par une action *in rem utilis* que le préteur lui accorda même contre la municipalité, à condition toutefois que le prix de fermage fut régulièrement payé ; et, de plus, par l'interdit *quo minus loco publico*, spécial au preneur de l'*ager vectigalis*. Si nous ajoutons qu'il pouvait transmettre ses droits à ses héritiers, les vendre, les donner en gage ou les grever d'une hypothèque conditionnelle comme son propre droit ; nous aurons décrit une condition qui se rapproche sensiblement de celle d'un acheteur. Nous nous rapprocherons au contraire de la condition du preneur, si nous disons qu'il devait la redevance annuelle appelée vectigal, fixée généralement au dixième du revenu, d'où le nom de *decumani* donné aux *agri vectigales*; qu'il était tenu de conserver l'immeuble intact; que les risques étaient à la charge de la ville, décision qui ne fut admise qu'après longue discussion.

Comme nous venons de le voir, le tenancier vectigalien tenait à la fois du preneur et de l'acheteur.

De là, indécision sur les règles à lui appliquer : celles de la vente ou du louage? Zénon trancha la difficulté, en faisant de ce bail un contrat *sui generis* l'emphytéose (εμφιτευσις, plantation), auquel il donna dss règles spéciales. A partir de Zénon, les risques sont toujours à la charge du bailleur, mais l'emphythéote reste tenu du vectigal jusqu'à complète extinction de la chose louée. Justinien autorisa l'emphytéote à céder son droit, mais en réservant au *dominus* un double droit : un droit de préemption pendant deux mois, ou le droit de percevoir le cinquantième du prix de vente, comme équivalent de son consentement à l'aliénation. Ajoutons que si le vectigal n'était pas payé pendant trois ans, l'emphytéose était résolue de plein droit, sans que le preneur dépossédé pût rien obtenir pour ses impenses ou améliorations.

Nous dirons au chapitre de la gestion des finances, qui passait les baux pour le compte de la cité et par quels moyens on faisait rentrer le vectigal dans la caisse municipale.

La seconde source des revenus municipaux était les intérêts des fonds placés : les capitaux de la cité étaient le plus souvent donnés en *mutuum*, et la créance était garantie par une hypothèque ou un gage. Signalons ici l'important privilège conféré aux cités par la loi *De usuris*. Alors qu'une stipulation était nécessaire pour faire courir les

intérêts au profit des particuliers, un simple
pacte suffisait à les faire courir au profit des municipes. Ces intérêts se payaient aux calendes :
de là, le nom *calendarium* donné à l'ensemble
des valeurs prêtées à intérêts par la ville, et par
extension, au registre sur lequel ces placements
étaient consignés. La gestion de cette partie des
revenus, confiée à un officier subalterne spécial,
trouvera plus loin sa place. Bornons-nous ici à
énumérer dans un tableau d'ensemble les revenus
des cités : leur gestion fera l'objet d'une étude
plus approfondie.

Citons, pour mémoire, les taxes sur les concessions d'eau. Nous verrons, en nous occupant des
travaux publics, de quelle importance fut ce revenu au temps de la République. Au déclin de
l'Empire, cette source de produits semble tarie :
désormais les concessions d'eau sont gratuites, en
ce sens que le concessionnaire doit, comme unique
redevance, l'entretien de l'aqueduc.

De tous les revenus des cités, le plus intéressant à étudier est sans contredit celui qu'elles
tiraient des octrois et péages. Ces droits, perçus
sur les objets d'importation étrangère et de consommation, semblent avoir leur origine dans une
taxe établie par Ancus Martius. Supprimées par
les premiers consuls, puis rétablies en l'an 573, les
douanes furent étendues par Gracchus aux provinces qui jusque-là y avaient échappé. Jules-

César et Auguste élevèrent le taux de ces droits, Alexandre Sévère au contraire les abaissa pour favoriser le commerce..

Sur quels produits pesaient ces taxes? A cette question, nous répondrons avec la loi 16 au Digeste (1): C'étaient le canelle, le poivre, le nard, les plantes de goût et odeurs analogues, les épices, les parfums, les fourrures, l'ivoire, les perles, les pierreries, la soie, la pourpre, etc., les animaux, les ennuques et les esclaves destinés à la prostitution. Notons que ces produits ne payaient les droits que s'ils étaient destinés au commerce ; introduits par un simple particulier et pour son usage, ils entraient en franchise. Étaient également exempts de ces droits de douanes, les fournitures destinées aux armées ; l'État se fût ainsi taxé lui-même, et lourdement, car les droits perçus s'élevèrent parfois au huitième de la valeur vénale. De ce maximum la taxe descendit à un minimum du quarantième, comme nous le voyons sous le règne de Vespasien. Elle était du vingtième en Sicile sous Verrès. A la liste de ces immunités, ajoutons les biens du fisc et les bêtes féroces destinées aux jeux puclics dans l'amphithéâtre.

Le taux élevé de ces taxes en faisait une source de revenus énormes ; mais le produit n'en était pas attribué exclusivement aux municipes. L'État

---

(1) Loi 16, § 7, Liv. 39, tit. 4.

partageait avec eux : et le fisc impérial, n'ayant d'autre loi que l'usage et son bon plaisir, ne laissait tomber dans la caisse muuicipale qu'une faible partie des sommes perçues.

Aux droits de douanes énumérés plus haut, ajoutons les droits de péage perçus soit sur les routes, soit au passage des ponts, tant pour les personnes que pour les voitures et les marchandises : droits énormes, si nous en croyons le témoignage de Pline qui nous affirme qu'un chameau chargé d'encens payait 688 *denarii* avant d'entrer dans les porte de l'Italie, où il acquittait encore de nouveaux droits.

Toute espèce de produits subissait ces taxes : les cadavres eux-mêmes n'en étaient pas exempts.

Demandons-nous comment s'établissaient ces taxes et quelle était l'autorité compétente pour autoriser une cité à créer ce que nous appellerions aujourd'hui un octroi? Le prince seul pouvait autoriser l'établissement d'un impôt nouveau; seul il pouvait changer soit le mode de perception, soit le taux des taxes déjà établies. Une enquêts était faite par le président de la province qui en transmettait les résultats à l'empereur; celui-ci examinait alors la requête de la ville, qu'il n'accueillait d'ailleurs qu'en cas d'absolue nécessité.

Les ressources ordinaires du municipe se réduisaient donc à trois sources :

Le produit de la location des biens du domaine privé;

Le produit des fonds placés ;

Le produit des droits de douane et de péage.

A ces revenus ordinaires, composant le budget normal, il convient d'ajouter les ressources considérables du budget extraordinaire que nous pouvons ranger sous ces divers titres :

Contributions extraordinaires. — Emprunts.— Vente des biens municipaux. — Successions et legs. — Confiscations et amendes.

Recettes extraordinaires.

Lorsque les revenus ordinaires des municipes ne suffisaient pas à leurs besoins, ils avaient recours à des impositions extraordinaires. Mais pour empêcher tout engagement imprudent , l'Etat exerçait sur ce point une surveillance active, et un décret impérial pouvait seul autoriser l'établissement d'une taxe nouvelle. Cette imposition extraordinaire était quelquefois supportée par les seuls membres de la Curie ; quelquefois, au contraire, elle s'étendait à tous les citoyens, et la répartition s'en faisait alors suivant les mêmes règles que la *capitatio terrena*, dont nous dirons un mot plus tard. Ces impôts se payaient en argent; toutefois, certaines villes forçaient leurs habitants à verser, à titre de redevances en nature, une

certaine quantité de blé dans les greniers municipaux. Rappelons en passant, comme faisant partie
des ressources extraordinaires des cités, les charges imposées aux possesseurs de terre et connues
sous le nom d'*intributiones*; nous avons dit que
c'étaient des réquisitions pour la nourriture, le
logement et l'équipement des soldats, des fonctionnaires des armées ou des postes, etc.

Les impositions extraordinaires ne suffisant pas
à combler le vide de l'*arca* municipale, il restait à
la cité une ressource : l'emprunt. Les emprunts
municipaux affectaient deux formes : d'abord le
mutuum, contrat passé avec le préteur par le *curator reipublicæ* ; puis, le prélèvement fait au profit de quelques grandes villes, sur les revenus des
petites.

Au sujet du *mutuum* passé par le *curator*, au
nom de la ville, nous aurons plus tard à nous expliquer sur la controverse née de la loi *Civitas*
d'Ulpien. Mais, quel que soit le parti auquel on
s'arrête, l'esprit évident de la loi est d'entourer la
cité d'une protection spéciale et de la garantir
contre la gestion d'un administrateur imprudent.

La seconde forme de l'emprunt est celle qui consiste, pour une grande cité, à prélever, sur les revenus des petites villes, une certaine somme. Ce
mode d'emprunt trop fréquent, et si vexatoire
pour les petits municipes, devait, on le comprend,
exiger des formalités sérieuses. Aussi l'autorisa-

tion du préfet du prétoire était-elle nécessaire pour opérer ces prélèvements; ils devaient être portés à la connaissance de l'empereur, et pareille exaction n'était autorisée que dans les circonstances les plus graves.

Une suprême ressource restait encore aux municipes surchargés d'impôts et à bout d'emprunts: la vente du patrimoine municipal. Mais on devine sans peine qu'une aussi grave mesure était entourée des formalités les plus étroites. L'administration municipale était, alors comme aujourd'hui, assez portée à engager l'avenir, et à le sacrifier au profit du présent: l'Etat, pour réprimer cette tendance, dut rendre fort difficile l'aliénation des biens municipaux.

Certains auteurs ont même admis l'inaliénabilité absolue du fonds municipal. Assimilant l'administrateur de la cité au tuteur, ils lui refusent le droit d'aliéner les biens de la ville, comme la loi le refuse au tuteur pour les biens du mineur. D'ailleurs, disent-ils, la loi 3 au Code, *de vendendis rebus civitatum*, parle comme d'une chose récente de la faculté de vendre les biens des cités.

Nous ne partageons pas leur avis. La loi 9 § 2 au D. sur laquelle on se fonde surtout pour établir la nullité de toute aliénation des biens municipaux, nous semble appeler la même interprétation que la loi *civitas* d'Ulpien: elle n'a pour nous d'autre but que de réparer l'imprudence commise au détriment de la ville par son « *gérant d'affaires* » dont nous étudierons bientôt les pouvoirs, en même temps que la responsabilité.

Nous admettrons donc que les biens des cités, qui furent de tout temps prescriptibles, étaient aliénables : nous n'en voulons d'autre preuve que le silence du Code sur cette prétendue inaliénabilité : et la possibilité de l'affranchissement du service *universitatis*, acte présentant le caractère de la plus onéreuse des aliénations.

D'ailleurs, si la controverse est possible à l'époque classique, elle ne saurait s'élever à partir de Léon (1). Cet empereur fixe en effet les formalités de cette aliénation, formalités très-minutieuses, et qui varient suivant que l'acte doit intervenir à Constantinople ou dans les provinces. Une autorisation est toujours nécessaire: à Constantinople, celle de l'empereur ; dans les provinces, celle d'une assemblée composée des curiales, des *honorati* et des *possessores*. La cité, en sollicitant cette autorisation devait s'engager à faire emploi du prix de vente à un usage déterminé et d'utilité publique ; c'était le plus souvent pour la reconstruction ou restauration des murailles de la ville.

Si la vente était poursuivie par les créanciers

______

(1) Loi 6, C. **XI**, 31.

du municipe, il va sans dire que le droit commun était applicable, et que l'autorisation n'était plus nécessaire. De même, s'il s'agissait de vendre un gage, ou un bien confisqué.

La demande d'aliénation pouvait porter sur tous les éléments du domaine municipal, et les formalités étaient les mêmes qu'il s'agit de vendre un immeuble, une rente foncière, ou un esclave.

Mais de toutes les aliénations, la plus onéreuse était à coup sûr l'affranchissement du *servus communis* : aussi tout affranchissement devait être décrété par la Curie, puis contrôlé et approuvé par le président de la province. Il est probable que de tout temps, les cités purent affranchir leurs esclaves. Mais le doute est levé à partir de Trajan par la loi *Vectibulici* qui reconnaît ce droit aux villes d'Italie et un sénatus-consulte d'Hadrien qui l'étend aux cités de province. A l'époque classique, l'affranchissement ne faisait de l'esclave qu'un *servus in libertate* ; la loi Julia Norbana lui conféra la latinité ; enfin la loi déjà citée de Trajan lui donna à la fois la cité et la liberté.

En dehors de ces ressources extraordinaires que pouvait se procurer la cité, disons un mot de certains profits qui pouvaient lui advenir, ressources aléatoires, qui ne sauraient dans un budget faire l'objet de prévisions exactes, mais dont l'émolument peut cependant être considérable: je veux parler des successions et legs dévolus aux villes, et des confiscations et amendes prononcées à leur profit.

Nous avons parlé déjà des successions et legs, en traitant de la personnalité civile de la cité. Bornons-nous à ajouter que les legs faits à un municipe devaient être acceptés par la Curie; après quoi le *curator reipublicæ* en poursuivait l'exécution, en surveillait l'emploi, et, le cas échéant, exigeait caution des héritiers. La volonté du testateur devait être suivie scrupuleusement, à moins qu'une décision de l'empereur n'intervint, ordonnant d'appliquer le legs à une destination plus utile au bien public. Décisions fort sages, si on se rappelle que ces legs ont le plus souvent pour but de fournir aux cités des divertissements et des jeux : mais l'orgueil des testateurs et les mœurs enracinées furent plus forts que les rescrits d'Atonin le Pieux. Aussi voyons-nous de nombreux jurisconsultes reconnaître la validité de ces legs, et en prescrire l'exécution fidèle; à moins toutefois que par la réduction de la loi Falcidie, le *legs ne devint insuffisant pour l'emploi indiqué* dans ce cas, la cité l'appliquait à un autre usage.

Une dernière source de revenus étaient les confiscations et amendes; et ce n'était pas un mince apport à la caisse municipale, car nombreux étaient les cas où la loi romaine prononçait la confiscation. Sans parler des confiscations

complément d'une peine criminelle, par simple
mesure de police urbaine les édiles pouvaient
confisquer l'immeuble que son propriétaire ne
voulait ou ne pouvait réparer. Nous savons déjà
que la cité confisquait à son profit les biens
du curiale condamné, s'il n'avait pas d'héritier légitime. Quant aux amendes, il rentrait dans le
pouvoir des édiles de les prononcer pour toute
infraction à la police urbaine. Les duumvirs eux-
mêmes pouvaient prononcer des peines pécu-
niaires, sauf recours à la Curie constituée ainsi
en tribunal d'appel.

III.

BUDJET MUNICIPAL.

Charges de la cité. — Dépenses ordinaires. — Travaux
publics, Voiries. — Entretien des murailles. — Service
des eaux. — Émoluments de certains fonctionnaires. —
Assistance publique, annone, médecins. — Écoles municipales. — Jeux publics. — Dépenses extraordinaires.
— Exactions des Empereurs. — *Tributum temerarium.*
— Aperçu du système des impôts sous l'Empire romain.

Nous venons d'indiquer à quelles sources pui-
sait la cité pour remplir la caisse municipale il
nous reste à énumérer les charges qui pesaient sur
le trésor public de la ville. Reproduisant une dis-

tinction déjà adoptée pour les recettes, occupons-
nous d'abord des dépenses normales, de celles qui
étaient inscrites au *rationarium* de tout municipe, et correspondaient aux plus impérieux besoins de la civilisation romaine; nous passerons
ensuite aux dépenses extraordinaires, à ces charges
imposées aux municipes par l'avidité toujours
croissante du fisc impérial.

Charges ordinaires de la cité.

Travaux publics. — Nous nous occuperons d'a-
bord des dépenses des travaux publics; et, sous
ce titre, nous devons étudier les charges les plus
importantes du municipe. On sait, en effet, avec
quelle sollicitude Rome veillait à tout ce qui
se rattachait au service des eaux et des routes.
Créer un réseau complet de grandes voies à travers l'empire, avec des postes organisées, c'était
pour le gouvernement central le seul moyen de
rester maître des provinces, et de faire sentir, jusqu'aux frontières les plus reculées, l'action toujours présente du souverain. Aussi ne devons-
nous pas nous étonner de voir le service de la voirie occuper un rang important parmi les dépenses
des municipes: car ces travaux étaient à la charge
commune de l'État et des cités. Toutefois, les
grandes voies romaines, dont nous admirons en-

core les débris, étaient presque exclusivement
construites et entretenues aux frais de l'État.
Nous n'aurons à nous occuper ici que de la voirie
urbaine. Elle était confiée à un officier spécial,
curator viarum, et ce *munus* était considéré
comme un insigne honneur. Les plus hauts per-
sonnages, Balbus, Jules César, Auguste lui-même,
ne dédaignèrent pas de remplir ces fonctions.

Les voies romaines se divisaient en deux grandes classes : les chemins publics, les chemins privés. « Les (1) chemins publics sont ceux que les
« Grecs appelaient βασιλικαι, et qui sont connus parmi
« nous sous le nom de chemins prétoriens ou con-
« sulaires. Les chemins privés sont ceux qu'on ap-
« pelle quelquefois agraires, c'est-à-dire dus par un
« champ. Mais parmi les chemins agraires, il en
« est qui conduisent bien dans les champs, ainsi
« que les premiers, mais avec cette différence que
« ceux-ci sont ouverts à tout le monde, dans les-
« quels on entre en sortant du grand chemin, et
« qui mènent à des villages ou à des métairies (2). »
C'est ce que nous appellerions des chemins vicinaux. Les propriétaires riverains, sous le contrôle
du *curator viarum*, subvenaient à l'entretien de
la voie, par une imposition de double nature : une

---

(1) Loi 2, § 22, D. *Ne quid in loco publico, vel itinere
fiat.*

(2) Loi 2, § 23, *Ne quid in loco publico, etc.*

contribution pécuniaire, répartie proportionnellement comme l'impôt foncier ; puis par des cor-
vées, appelées *viarum munitiones*, qui ne pouvaient dépasser un maximum de cinq journées
par an et par homme, et trois journées d'attela-
ges. Seuls, les sénateurs étaient exempts de cette
taxe et des ces prestations.

A côté du service de la voirie se place une dépense tellement importante que le tiers des revenus municipaux pouvait au besoin y être appliqué.
Je veux dire l'entretien des portes et murailles de
la cité. On comprend de quelle importance était
ce service, au déclin de l'empire, battu de tous cô-
tés par le flot des Barbares, à une époque où chaque cité était exposée à des attaques subites et à
d'incessantes invasions.

Aussi, non contents d'appliquer à ces travaux
une part aussi forte des revenus ordinaires, Arcadius et Théodose, dès l'an 396, permirent, pour y
pourvoir, la levée d'un nouvel impôt, proportionnel aux besoins de chaque cité. De plus, tous les
travaux relatifs aux portes et aux murs étaient
placés sous la haute direction du pouvoir central :
aucune réparation ne pouvait y être entreprise
sans l'autorisation du prince ou du président de
la province.

Le service des eaux, dans les provinces
comme à Rome comprenait la construction et
l'entretien des aqueducs, canaux, fontaines,

thermes publics. Des *curatores* spéciaux étaient affectés à ces divers services et sous leurs ordres se trouvaient un grand nombre d'agents subalternes, portant des noms divers, *aquileges aquirectores*. Dans les premières années de l'Empire les concessions d'eau n'étaient pas gratuites et Vitruve nous dit que l'entrée des thermes était également payante. Mais peu à peu la redevance cessa d'être perçue et la charge d'entretenir les aqueducs et bains publics retomba sur la cité. Elle entretenait donc les bains qui étaient sa propriété et lorsqu'ils appartenaient à des particuliers, le trésor leur payait un prix de location. Quant à ceux dont elle était propriétaire, la ville en confiait la gestion à des officiers, nommés *calefactores thermarum*. Charge gratuite, rentrant dans les *numera personalia*, mais dont les inconvénients étaient compensés par le profit des salines concédées aux mêmes officiers. Une partie des frais d'entretien était d'ailleurs couverte par la location des boutiques construites d'ordinaire sous les portiques de l'édifice.

Si l'on se rappelle qu'à Rome, sous Agrippa plus de cent soixante et dix bains étaient gratuitement ouverts au peuple, si l'on mesure les dimensions de l'aqueduc d'Arcueil, des Thermes de Julien, les aqueducs de Coutances, de Metz, de Nîmes, d'Orange, de Toulouse, de Frejus, de Lyon, etc; on se rendra compte sans peine des travaux im-

menses que nécessitaient la conduite et la distri-
bution des eaùx ; on s'expliquera de même le soin
minutieux avec lequel était réglé, tout ce qui
touchait cette question, intéressant au premier
chef l'embellissement des cités et le bien être des
citoyens. Citons-en un seul exemple, relatif à
l'expropriation pour cause d'utilité publique.

La loi de Genetiva Julia nous indique déjà les
ormalités à remplir pour amener les eaux dans
la ville à travers les propriétés privées. Mais nous
préférons emprunter à Frontin, intendant des
eaux sous Nerva, les règles, si précises, qu'il rapporte sur la matière : « Ce qui frappe dans la
« législation relative à des grands travaux, dit-il,
« e'est l'admirable équité avec laquelle nos ancê-
« tres ont toujours concilié les droits respectables
« des propriétés privées et les convenances d'utilité
« publique. Ainsi, après qu'ils ont arrêtés de con-
« duire les eaux dans une ville, on propose aux
« possesseurs des fonds, d'en vendre à la cité la
« portion nécessaire au passage de l'aqueduc. S'ils
« font des difficultés, on leur achète le fonds en
« entier ; et, après avoir pris ce qu'il en faut, on
« vend le surplus, ou on le concède sous une
« redevance annuel, affectée à l'entretien de
« l'aqueduc. »

Dans le cas de cession à l'amiable, les terres
traversées continuaient à appartenir à leurs propriétaires. L'édit de Venafrum nous apprend

qu'un espace de 8 pieds devait rester libre de chaque côté des conduites d'eau, et que les propriétaires devaient être indemnisés de tous les dommages que pouvaient leur causer les travauxde construction ou de réparation.

Il importe d'ailleurs de remarquer que chaque fois qu'il s'agit d'entreprendre un travail aux frais de la cité, il doit être préalablement autorisé par l'Empereur : nous voyons ainsi Pline le Jeune transmettre à Trajan une requête de ses administrés qui demandent l'autorisation de construire des bains et d'amener l'eau dans leur ville.

Pour tout ce qui a trait aux travaux à édifier dans les villes, à la hauteur des maisons, aux matériaux, aux alignements et distances, aux questions de vue et de clôture, les nombreuses dispositions législatives en vigueur furent réunies dans une seule constitution par l'empereur Léon ; et bon nombre des règles posées par ce prince se retrouvent aujourd'hui dans notre Code civil.

Emoluments de certains fonctionnaires. — Dans les municipes romains, pas plus qu'à Rome, on en connut jamais pour les fonctionnaires ce que nous appelons de nos jours un traitement. La civilisation romaine avait fait du citoyen le serviteur de la chose publique et sacrifiait la liberté et la fortune de l'individu au bien public.

Sufficiunt tunicæ summis ædilibus albæ !

dit Juvénal, en ses satires. Mais s'il est vrai que la cité ne rétribuait pas ses magistrats en fonction, il était inévitable qu'un jour viendrait où tous ces décurions ruinés par l'exercice des charges municipales, seraient réduits à demander du pain au trésor public ; celui-ci ne put le leur refuser ; aussi voyons-nous figurer parmi les dépenses obligatoires du municipe les aliments à fournir aux décurions ruinés.

Nous verrons bientôt, en nous occupant des secours aux indigents et de l'instruction publique que les seuls fonctionnaires auxquels la cité allouât un traitement étaient les professeurs des écoles et médecins.

Ajoutons que les décurions envoyés par la cité comme ambassadeurs, *legati*, recevaient des frais de route, prélevés sur les ressources ordinaires, ou à défaut, fournis par une imposition extraordinaire.

Assistance publique. — Parmi les nombreuses causes de décadence qui ont précipité l'empire romain vers sa chûte il faut à coup sûr ranger le paupérisme. De bonne heure Rome connut cette plaie des civilisations florissantes, où les extrêmes se coudoient ; et la cité splendide où la *Suburra* se dressait au milieu de palais sans nombre, eut de bonne heure sa *taxe des pauvres*. Toute une législation, dictée par un esprit éminemment démocratique, mit l'entretien du pauvre à la charge

du riche. Dès l'an 680 la loi *Cania Terentia fru-*
mentaria alloue à tout indigent cinq boisseaux de
blé par mois pour un demi as. La loi *Sempronia*
abaisse encore ce prix ; enfin en l'an 695 la distri-
bution est gratuite. Mais le nombre des indigents
ne s'en accroît que plus rapidement. Cicéron l'é-
value au huitième de la population. Le mal gran-
dit encore sous l'empire et devient incurable,
dès que Septime Sévère, Aurélien et Trajan ajou-
tent aux distributions de vivres les largesses d'argent.

L'exemple donné par la métropole fut suivi,
quoique dans des proportions plus modestes, dans
les provinces : partout nous voyons les villes prendre à leur charge la nourriture des indigents.
Quand les ressources locales ne suffisent pas, le
pouvoir central accorde des subventions, pour
l'achat des blés et grains nécessaires : les cités devaient ensuite rembourser ces avances, sans pouvoir opposer à l'Etat aucune compensation. Pour
faire face à cette charge, les cités avaient recours
à une imposition spéciale, l'*annona*. Cujas définit
ce tribut « une redevance consistant en espèces,
comme blé, vin, pain, viande, etc. ». On sait, par
l'éloquent plaidoyer de Cicéron contre Verrès, l'u-
sage que les préteurs firent parfois de l'annone
en s'arrogeant le droit de percevoir ces redevances
à titre d'honoraires.

La *cura annonæ* ne fut pas dans les municipes

une charge aussi importante qu'à Rome. Le *cura-tor annonæ* dans une cité n'avait pas, comme dans la métropole à nourrir tout un peuple de prolétaires, formant un parti puissant, et qui ne faisait trève aux émeutes que si le prince lui prodiguait largesses et jeux, « *panem et circences.* » « Il fallait, dit M. de Gérando, acheter l'obéissance et la paix publique en soulageant la misère en soldant l'oisiveté. ». Dans les provinces, ce prolétariat oisif et turbulent n'existait pas, ou du moins il était moins puissant. Mais un autre danger était à craindre l'absorption, par les spéculateurs de la capitale, des produits alimentaires et la disette dans les provinces. Aussi chaque cité confia-t-elle aux édiles d'abord, puis au *curator annonæ*, le soin de remplir des magasins municipaux, sorte de greniers d'abondance, destinés à sauver la cité d'une famine. Une loi *Julia de an norâ* édicte même une peine contre toute société qui se formerait dans le but de faire hausser le prix des subsistances et d'entraver les approvisionnements. Mais l'impuissance de semblables mesures contre les accapareurs apparaît dans l'histoire de tous les peuples : à Rome, où ces crises économiques étaient si fréquentes, l'édit du *maximum* de Dioclétien et l'édit de Mauritanie en sont la preuve.

Parmi les nombreux fonctionnaires, attachés sous les ordres du *curator reipublicæ*, au service

de l'annone, signalons les *exactores annonæ* chargés de percevoir les contributions en nature que
devrait les propriétaires. Le blé et autres redevances, une fois entrés aux magasins publics, était
vendu aux habitants au prix de revient, en nature ; quelquefois même distribué gratuitement
aux indigents. D'autres fois on en faisait du pain,
dans des boulangeries publiques; puis des commissaires inspecteurs, *episcopi*, en surveillaient
la vente aux citoyens.

A côté de ces secours d'aliments accordés par la
ville aux indigents, il faut mentionner les secours
médicaux. On pourrait trouver à Rome les premiers essais d'hôpitaux, dans ces salles garnies
de lits, placées près du temple d'Esculape, où les
étrangers qui tombaient malades se réfugiaient et
recevaient les soins des hommes de l'art. Cependant on peut dire que la civilisation romaine resta
toujours étrangère à l'idée moderne des hôpitaux
et lieux de retraite pour les indigents malades ou
infirmes. Ajoutons toutefois que, dans chaque
cité, la Curie nommait, destituait et payait des
médecins pour prêter sans rétribution aux pauvres l'office de leur ministère. Indépendamment
des honoraires, que leur allouait la Curie, ils
étaient rangés parmi les *immunes*, c'est-à-dire
exempts d'impôts, du décurionat et des autres
charges publiques.

Écoles municipales. — Parmi les dépenses ordinaires des cités nous ne pouvons passer sous silence l'entretien des écoles municipales. Chaque cité tenait à honneur et considérait comme son plus précieux privilège de posséder une école où la jeunesse reçût l'instruction primaire, à côté des consistoires impériaux, qui représentaient l'enseignement supérieur. A Poitiers, à Clermont, les écoles municipales possédaient d'habiles professeurs payés sur le trésor commun. Autun, la vieille cité gauloise, jadis le siège d'une école druidique célèbre, était fière de son école de rhétorique. Ausone, dans son panégyrique de Gratien, parle avec éloges de l'école municipale de Besançon.

Un décret de Gratien laissait à chaque cité le soin de choisir et de rétribuer à son gré, ses maîtres et docteurs. Leur salaire se composait d'une redevance scolaire, payée par les élèves et connu sous le nom de Minerval, à laquelle la Curie ajoutait un supplément, ou *compendium*, Parfois même la Curie allouait au professeur un traitement complet. Le traitement consistait non-seulement en argent, mais encore en prestations en nature, variant suivant la qualité du professeur et l'importance de la ville. Ainsi en 876, dans les Gaules, un maître d'éloquence avait droit à 24 rations, ceux de belles lettres à 12. A Trèves, un professeur d'éloquence touchait 30 rations, un professeur de littérature latine, 20, et un professeur de littérature grecque, 12. Outre ces émoluments, les professeurs jouissaient. comme les médecins, du privilège des *immunes*, en vertu d'un édit d'Antonin le Pieux, confirmé par Commode.

Complétant cette organisation scolaire, des bibliothèques étaient fondées, les unes aux frais du prince, les autres par les cités. Elles comprenaient comme personnel un bibliothécaire, des archivistes (*antiquarii*) et des employés subalternes (*conditionales*). Ces fonctiounaires étaient payés par des rations prélevées sur l'annone civile.

Jeux publics. — On sait de quelle importance était, dans le monde ancien, tout ce qui se rettachait aux spectacles et jeux publics. Nous avons vu déjà des bêtes féroces achetées pour l'amphithéâtre, exemptées des droits de douane et de péage; la grande faveur qui accompagnait tous ceux qui donnaient des jeux publics, stimulant l'ambition et la vanité des citoyens, on put assister à ce spectacle étrange : de simples particuliers, dissipant leur patrimoine en réjouissances publiques pour briguer la faveur du peuple et atteindre ainsi aux honneurs; à leur mort, nombre de citoyens léguant leur fortune à la cité, à la charge d'en dépenser le montant pour la plus grande joie du peuple. C'était un moyen d'illustrer son nom et de perpétuer son souvenir au delà de la tombe. Poussés par ce double mobile, on vit les citoyens se ruiner rapidement, les cités s'appauvrir en pure perte, des sommes considérables s'engloutir dans des spectacles le plus souvent cruels et sanguinaires, toujours somptueux et inutiles. Une loi tenta de réprimer ces orgueilleuses folies : Antonin le Pieux décida que tout legs trop considérable pour être dissipé en jeux publics serait affecté à la construction d'édifices municipaux. Vaine tentative : les mœurs furent une fois encore plus fortes que la loi, et le législateur du céder à cette frénésie populaire.

Il va sans dire que les libéralités privées furent bientôt insuffisantes à alimenter cette rage des spectacles. La cité dut prendre à sa charge ces fêtes, et quand l'*ærarium* fut vide, ce fut la Curie qui assuma ce lourd fardeau ; la *cura ludorum* devint un *munus*. Personnellement obligés de subvenir à ces folles dépenses, les décurions n'y échappaient qu'après une ruine complète. Les simples citoyens eux-mêmes se voyaient imposer, à titre de *munus patrimoniale*, le soin et la nourriture des fauves destinés au cirque et le logement des comédiens.

Le législateur avait été impuissant à éteindre cette soif de spectacle ; du moins essaya-t-il de la réprimer, en fixant un maximum de deux *solidi* aux prix décernés aux vainqueurs. « Il faut, dit-il, sauver les ressources des curiales, et par suite celles de la cité. » Le remède fut insuffisant. Le mal ne fit que grandir, et précipite la Curie vers une ruine complète. Théodose le Jeune n'est-il pas forcé d'accorder, sur la proposition d'Anthenius, préfet du prétoire, une subvention aux curiales d'Antioche, ruinés au service des jeux publics!

La Curie n'était pas seule à fournir aux dépenses des jeux : les prêtres païens partageaient cette cette charge avec elle, et une partie des biens des temples était affectée à cet usage. Lorsque Constantin eut établi le christianisme sur les ruines des temples païens, la nouvelle religion d'État ne put rien changer à ces habitudes séculaires. Il fallut créer un magistrat nouveau, qui remplit la fonction des prêtres païens : le *sacerdos* fut chargé de cet office, fort recherché et très-populaire. Sous lui, des *mastrigophores* furent préposés à la police des théâtres ; c'étaient eux qui devaient châtier les gladiateurs indolents, et expulser tout spectateur séditieux. Simples agents de la police municipale, ils ne contribuaient en rien aux frais du spectacle : ils remplissaient un *manus personale*.

Nous venons de voir comment les cités trouvaient des ressources pour amuser la populace. Disons maintenant en quelques mots en quoi consistaient ces réjouissances publiques, si chères à la plèbe romaine.

S'il faut en croire saint Jean Chrysostome, la plus populaire de ces fêtes aurait été une sorte de bacchanale appelée *Majuma*, en mémoire sans

doute du culte oublié de la déesse Maïa. « Des
« courtisanes nues, nous dit la VIIe homélie, se
« montraient en public, nageant dans des canaux,
« et se faisant contempler dans des postures las-
« cives. D'autres fois c'étaient sur des théâtres
« qu'elles s'exhibaient ainsi. » A l'occasion de ces
réjouissances, le peuple était convié à de vastes
banquets, où les citoyens riches se ruinaient à
l'envie. Malgré les efforts de Constance, d'Arcadius et de Théodose, ces exhibitions tradition-
nelles triomphèrent des pudeurs impériales et du
christianisme naissant. Désespérant de supprimer
la saturnale de mai, Julien, Arcadius et Justinien se bornèrent à la réglementer et à en diminuer l'indécence.

Si l'art théâtral resta toujours dans l'enfance, et
n'excita pas, dans la plèbe romaine, le même en-
thousiasme que chez les Grecs, il n'en fut pas de
même des courses de char et par dessus tout des
combats de gladiateurs. Voir combattre, au fond
de l'arène immense, dans une lutte à mort, les
prisonniers de guerre ou les criminels condamnés
aux bêtes, c'était là pour le peuple roi la suprême
jouissance. Aussi le métier de gladiateurs de-
vint-il une profession des plus lucratives, et
nombre d'entre eux l'embrassaient volontaire-
ment. Ces fêtes sanglantes, où les gladiateurs
s'entrégorgeaient, où les belluaires déchirés par
les fauves amenés à grands frais d'Afrique, trou-

vaient un dernier éclair de vie pour saluer César avant de mourir ; toutes ces luttes barbares devaient être condamnées par le christianisme. Aussi voyons-nous Constantin les prohiber. L'empereur Gratien tenta de les remplacer par des luttes d'athlètes. Mais la passion du peuple résista aux édits du prince et ne s'éteignit qu'avec l'empire.

Charges extraordinaires de la cité.

Nous venons d'énumérer les dépenses ordinaires du municipe, charges déjà bien lourdes, et dont le poids se faisait durement sentir aux citoyens. Mais il nous reste à signaler la véritable cause de la ruine des cités : je veux parler des exactions éhontées du fisc impérial.

Il nous faut dire ici quelques mots d'une théorie chère à tous les despotismes, que nous voyons appliquer par les Césars à Rome, et que nous retrouvons maintes fois aussi dans notre histoire nationale : la théorie du domaine éminent. En quoi consistait donc cette théorie célèbre ? Formulée pour la première fois sous Auguste, il se trouva, sous Domitien, des jurisconsultes pour en proclamer l'excellence et attribuer à César le domaine universel. Les empereurs, malgré les flatteries de leurs conseillers, n'acceptèrent jamais l'odieuse maxime, flétrie par Juvénal : *Omnia bona sunt Cæsaris.* Mais, partant de ce principe que l'État est propriétaire primitif de toutes les terres provinciales, dont les possesseurs ne sont que des fermiers, ils dépouillèrent sans scrupules de leurs patrimoine les cités comme les particuliers. En faut-il des exemples? Est-il besoin de rappeler Marc-Antoine, après la bataille de Philippe, où il écrase Brutus et Cassius, confisquant au profit de ses vétérans les terres de Crémone et de Mantoue? Vespasien vendant les domaines des cités pour payer aux prétoriens son élévation au trône? Il faut arriver à Domitien pour trouver un prince respectueux de la propriété et des droits privés. Mais, malgré son exemple, malgré la sagesse d'Antonin le Pieux, la théorie du domaine éminent n'en subsista pas moins.

Constantin, docile instrument de la réaction chrétienne contre le paganisme, profita de cette théorie pour confisquer les richesses des temples païens et convia l'Eglise nouvelle à partager avec le fisc impérial l'opulent héritage des dieux proscrits. Julien fit de vains efforts pour effacer cette doctrine odieuse, elle n'en subsista pas moins après lui. Grâce à la lâcheté des curiales, et aux doctrines complaisantes de certains jurisconsultes, elle devint un instrument de tyrannie fiscale dont nous aurons bientôt à montrer les désastreux effets.

Les besoins de l'Empire allaient croissaut tou

jours. Les Barbares étaient non-seulement aux postes, mais au cœur de la place. A l'intérieur, ils formaient une armée auxiliaire à la solde de Rome : alliés toujours prêts pour toutes les trahisons, donnant la main aux hordes barbares debout aux frontières de l'Empire et prêtes à toute heure à l'envahir. Il fallait de l'argent pour solder à l'intérieur, ces dangereux auxiliaire ; il en fallait plus encore pour acheter la retraite des envahisseurs. Les municipes étaient riches : ils payèrent. Quand leur ruine fut complète, ce fut la Curie qui solda la rançon de l'Empire.

Sans vouloir présenter ici une étude détaillée du système des impôts romains, il nous semble indispensable pour donner une idée juste des charges de la Curie, d'en tracer rapidement un tableau d'ensemble, dont nous emprunterons les principales lignes aux savantes leçons de M. de Valroger.

Ce n'est qu'à partir de l'Empire que nous voyons le système financier des Romains lié à l'administration municipale. Peu à peu la cité arriva à n'être plus qu'un mécanisme fiscal, et, dès Constantin, on pressent que ce rôle avili et écrasant consommera sa ruine. Quels étaient donc les impôts que la Curie avait mission de faire rentrer au trésor impérial ?

Rome connut l'impôt direct et l'impôt indirect, bien qu'aucune dénomination de ce genre n'établisse la distinction dans les textes. Le premier, et le plus considérable des impôts directs fut l'impôt foncier : établi sur un cadastre dressé en 735 sur l'ordre d'Auguste, il consistait en une taxe proportionnelle au nombre de *jugera* ou *capita* que possédait tout citoyen. Chaque année l'*indictio* du prince fixait le contingent afférent à chaque *caput* ; s'il y avait lieu, une *superindictio* ajoutait à la taxe principale de véritables centimes additionnels. L'ensemble de ces contributions forma la *capitatio terrena* : c'était l'impôt direct appliqué aux *possessores*.

Quant aux prolétaires, on leur appliqua l'impôt sous une autre forme, ils payèreut une taxe personnelle la *capitatio humana* ou *plebeia*. A côté de ces impôts directs en argent. rappelons les redevances en nature payées par tout l'Empire, sous le nom d'*annonariæ species* et appliquées non plus aux besoins du fisc, mais à l'approvisionnement des cités.

De plus, tous les cinq ans, les commerçants payaient leur impôt des patentes connu sous le nom de chrysargire ou de *collatio lustralis*.

Pour les impôts indirects, si nombreux et si lourds, bornons-nous à citer la taxe sur les affranchissements ; l'impôt sur les mutations par décès, ou *vicesima hereditatum*, taxe du vingtième, portée un instant au dixième par Caracalla ; la taxe sur les aliénations entre-vifs ; les douanes impériales, ou *portoria;* la *scriptura,* taxe sur les pâturages, etc.

L'impôt direct fut le plus souvent soumis à la régie directe par l'Etat ; l'impôt indirect, au contraire, était le plus souvent affermé à des compagnies de publicains ou *mancipes,* formant ce qu'on appelait des *societates vectigalis.* Ces sociétés jouissaient de quelques privilèges : par dérogation au droit commun, la *societas vectigalis* pouvait continuer avec l'héritier d'un des associés (1).

Tels étaient les impôts qui pesaient sur tout l'empire et que la Curie avait pour mission de faire rentrer au Trésor. Mais il faut y ajouter le *tributum temerarium,* sorte d'imposition extraordinaire prélevée soit par souscriptions volontaires, soit par voie d'emprunt forcé : ces avances des particuliers à l'Etat devaient leur être remboursées, lorsque le Trésor public aurait des fonds suffisants. Après la troisième guerre punique, la République exécuta fidèlement ses obligations ; il est plus douteux que l'Empire ait suivi cet exemple.

A cette énumération déjà longue d'impôts levés sur les provinces, il faut ajouter encore l'*aurum coronarium,* payé à tout nouvel empereur comme don de joyeux avènement ; les exactions de tout genre auxquelles se livraient impunément les

---

(1) Lois 59 et 63, § 8, D. XVII, 2.

préteurs et leur suite, les Clodius, les Licinius,
les Fonteius, dignes représentants de princes
sans scrupules comme Caligula, Dioclétien et ses
successeurs.

CHAPITRE III.

GESTION DES FINANCES MUNICIPALES.

Accroissement progressif de la tutelle du pouvoir central
sur les villes. Rôle du gouverneur de la province, du *curator reipublicæ* — du *defensor civitatis.*

I.

Plus nous avançons vers les derniers jours de
l'Empire plus nous voyons les municipes, libres
et autonomes sous la République, soumis désormais pour la gestion de leurs finances à un
contrôle étroit du gouvernement central. Nous
avons vu déjà l'octroi établi par décret impérial;
les rôles de l'impôt rendus exécutoires par le président de la province, chargé en outre de surveiller les administrations locales, comme nous le
montre une lettre de Pline, gouverneur de la
Bithynie, sous Trajan : L'autorisation du prince
est nécessaire pour toucher aux murs de la ville,
pour nommer un *curator operum*; en un mot la
tutelle devient de plus en plus stricte, et l'agent

du pouvoir central se substitue aux administrations locales.

Trois périodes sont à examiner dans la gestion des finances municipales. La première, période d'indépendance et d'autonomie, où la cité, gouvernée par des magistrats élus, voit ses finances aux mains d'un *quæstor*. Dans une seconde période, nous verrons l'Etat, craignant que l'appauvrissement des municipes ne tarît du même coup les revenus du fisc, prendre en main la gestion des finances locales par la nomination d'un *curator reipublicæ*. Enfin, dans cette dernière période où l'on sent venir la catastrophe finale, au milieu de la désorganisation générale, nous verrons ce qui reste de la vie municipale se rallier autour d'un nouveau magistrat : le *defensor civitatis*.

Première période. — Les tables de Salpenza et de Malaga nous montrent la caisse municipale administrée par des magistrats appelés questeurs, et investis de pouvoirs semblables à ceux des questeurs de Rome. Simples administrateurs financiers, ils n'ont aucune juridiction. Surveiller la rentrée et l'emploi des deniers publics, payer les dépenses ordonnancées par les duumvirs et les édiles, tel était le rôle purement administratif du quæterus Nous verrons plus tard quelles sûretés la cité exigeait de ce fonctionnaire. La même division qui se produisit dans les attributions des édiles, se produisit parfois dans celle des questeurs : nous voyons dans certains municipes, à côté des *questores ærarii,* ou *arcæ publicæ,* des *questores alimentorum.* Ces derniers étaient chargés de gérer les revenus spéciaux affectés à l'achat du blé et des autres denrées de première nécessité pour le compte de la ville.

Ces administrateurs du municipe ancien disparurent sous le règne de Nerva, pour céder la place à une magistrature nouvelle qui absorba avec le temps les pouvoirs des duumvirs et des édiles : j'ai nommé le *curator reipublicæ* (1).

Deuxième période. — Nous entrons ici dans la seconde période, celle où le municipe tombe sous l'étroite tutelle du pouvoir central. Intéressé à la bonne gestion des finances locales, il s'arroge le droit de nommer l'administrateur de la fortune des villes. C'est sous le règne de Nerva que nous voyons apparaître pour la première fois ce fonctionnaire. Fut-il toujours nommé par l'Empereur? Certains auteurs l'ont contesté. Le doute cependant n'est guère possible si nous consultons les textes, et surtout l'inscription suivante, découverte assez récemment dans la démolition des remparts de Sens, et qui a été publiée par M. Léon Rénier.

« Caius Decimius, Caii Decimii filius, Fabianus,
« omnibus honoribus apud suos functus, curator

______

(1) Loi 18, § 2, D. L. 4.

« reipublicæ civitatis venetorum, ab imperato-
« ribus duobus Severo et Antonino ordinatus. »

Hadrien choisit les *curatores* parmi les sénateurs anciens préteurs sortant de charge. Marc-
Aurèle les prit même parmi les chevaliers et
les tribuns militaires ; Constantin permit enfin
de les choisir parmi les décurions, à condition
qu'ils aient parcouru la carrière entière des honneurs municipaux. On comprend ce choix éclairé,
quand on songe à l'importance des fonctions du
curator reipublicæ : seul véritable représentant
de la cité, il en gère le patrimoine avec la plus entière liberté. En lui se résument les pouvoirs des
duumvirs, des édiles et questeurs, moins la juridiction qui lui est refusée (1).

Le *curator reipublicæ* n'existait pas dans tous
les municipes. M. Houdoy nous donne la composition de la magistrature de Vienne, où nous trouvons des questeurs en même temps que des
duumvivi ærarii. Mais dans la plupart des municipes la questure qui survécut quelque temps à
l'institution du curateur fut bientôt absorbée par
lui : il devient le véritable maître de la cité, à
cette époque où la centralisation n'est pas encore
excessive comme elle le sera sous Constantin.

Enumérons rapidement les attributions si va-
riées de ce haut fonctionnaire, en indiquant les

---

(1) Loi 3, C. 1, 34.

agents qui administraient sous ses ordres. Nous pouvons les résumer en trois points : location des biens municipaux ; recouvrement des créances municipales ; surveillance des travaux publics.

En étudiant les revenus des municipes, nous avons signalé l'importance de la location de leurs biens; nous avons dit la nature du contrat qui intervenait entre la cité et le preneur; il nous reste à montrer le *curator* représentant la ville dans ce contrat. C'était lui en effet qui passait les baux, sous sa propre responsabilité et qui exigeait des preneurs les cautions ou sûretés réelles, *prœdes vel prœdia*. La loi de Malagá nous dit qu'aucune autorisation n'est nécessaire pour consentir un bail, qu'il peut insérer au contrat telle clause qu'il lui convient ; mais le tout doit être soigneusement consigné sur le registre de la cité. Aux *prœdes* c'est-à-dire aux fidejusseurs, aux *prœdia* c'est-à-dire aux gages donnés à la cité, s'ajoutaient des *cognitores* qui garantissaient la valeur des objets grevés de cette hypothèque. Si le contrat n'était pas exécuté, la loi de Malaga nous donne les règles à suivre pour poursuivre la vente des *prœdes*, des *prœdia* et des *cognitores*.

En général les baux devaient être concédés par adjudication et aux enchères, et qu'il s'agit de location d'immeuble ou de ferme du vectigal, les formes étaient les mêmes. Ajoutons que ni le *curator*, ni les décurions ne pouvaient prendre à bail les biens des cités ni par eux-mêmes, ni par personnes interposées, à moins qu'ils ne succédassent à un *conductor* (1).

Nous avons vu que la deuxième source des revenus municipaux était l'intérêt des sommes placées : c'était le *curator* qui était responsable de ce placement (2). Il était aidé dans cette tâche par un fonctionnaire subalterne appelé *curator kalendarii*, chargé du *kalendarium*, ou registre sur lequel étaient inscrites les créances de la cité et les sommes à percevoir aux kalendes de chaque mois c'était le caissier, le *receveur municipal*. Dépositaire des deniers publics il était nommé par le président de la province, après enquête, et par conséquent n'était pas astreint à donner caution. C'était lui qui soldait les dépenses ordonnancées par le *curator* et qui, sous sa surveillance, plaçait à intérêts les excédants disponibles. Mais la responsabilité retombait tout entière sur le *curator reipublicæ*; le *curator kalendarii*, simple agent subalterne ne remplissait qu'un *munus personale*, et par suite ne répondait que de son dol et de sa faute.

Au dessus du *Curator* se trouvait le Gouverneur, investi d'un droit de contrôle. Pline nous raconte que les municipes, jaloux de leur liberté,

---

(1) Loi 4, D. L. 2.
(2) Loi 33, § 1, D. *De usuris*, XXII, 1.

acceptaient difficilement cette ingérence de l'agent impérial. Si le débiteur ne paie pas les intérêts, le curateur n'a pas le droit d'exiger le capital : seul le gouverneur a qualité pour statuer sur pareille affaire. Au contraire, le curateur doit faire rentrer sans retard l'argent destiné aux achats de blé ; la *pecunia frumentaria* répondait en effet à un besoin qui ne pouvait attendre.

Le *curator* doit poursuivre la délivrance des legs ou *fideicommis* faits au profit de la cité et il doit, sous sa responsabilité, exiger des cautions des héritiers ou *fiduciarii*.

Le commentaire d'Ulpien sur le *curator reipublicæ* nous autorise à attribuer à ce fonctionnaire le recouvrement des intérêts moratoires dus à la cité, par les héritiers pour retard à la délivrance des legs. Le disposant avait-il fixé un terme : la délivrance devait se faire à ce jour, sous peine de payer 6 0/0 d'intérêt à dater de ce jour. Aucun terme n'avait-il été imposé par le *de cujus?* Le Gouverneur en fixera un, et l'intérêt courra au 4 0/0 pendant les 6 premiers mois, puis au 6 0/0 pour les autres mois qui suivront, sans délivrance, le terme indiqué.

Abordons maintenant le troisième ordre d'attributions du *curator reipublicæ*, la surveillance des travaux publics. Nous avons vu qu'aucun travail nouveau ne pouvait être entrepris dans une ville, sans obtenir à cet effet l'assentiment de l'Empereur, par l'entremise du gouverneur de la province. Le rôle du *curator reipublicæ* serait donc bien effacé, s'il se bornait à provoquer la décision du prince, et à faire certaines réparations pour lesquelles l'autorisation n'était probablement pas exigée. Mais dès que l'autorisation du prince est accordée, commence sa difficile mission : c'est lui qui va présider à la confection des travaux, qui nommera le plus souvent les *curatores operum*; c'est sous ses ordres, et sous sa responsabilité que ces *curatores* traiteront avec les entrepreneurs (*redemptores*); c'est lui qui recevra leurs comptes et ordonnancera les dépenses. Parmi ces *curatores*, nommons les suivants dont le titre désigne clairement la fonction : les *curatores viarum, ædium, aquæductus, templi* ou *fani.* Ces diverses *curæ* étaient des *munera personalia* cependant, elles entraînaient une responsabilité souvent fort lourde : ceux qui les remplissaient répondaient des *redemptores* qu'ils engageaient, recevaient les fonds nécessaires à l'exécution des travaux, et en étaient comptables. Plutarque nous fait connaître avec quel soin minutieux était réglé tout ce qui avait trait aux devoirs des *curatores* : Plans et modèles, devis estimatif et descriptif, nature des matériaux, cautionnement des entrepreneurs, voilà tout autant de formalités à remplir, avant de procéder à l'adjudication définitive.

Une lettre de Pline à Trajan nous donne à penser que, lorsque les travaux à entreprendre étaient considérables, le *curator* n'était plus nommé par la Curie, mais bien par le Gouverneur, ou même par le prince. Ce *curator operum* ainsi nommé ne remplissait plus un *munus* : c'était un ingénieur envoyé par le prince, et qui touchait des honoraires. Des curateurs spéciaux étaient attachés aux constructions navales. Rappelons les *calefactores thermarum*, dont le service est encore un *munus* exercé sous les ordres du *curator reipublicæ*.

Nous avons signalé déjà le soin exact avec lequel une constitution de Léon avait réuni les divers réglements de police et de voirie urbaine. Faire appliquer ces règlements rentrait primitivement dans les attributions des édiles. Un texte de Paul, nous montre ce soin confié au *curator reipublicæ* (1). La confiscation était le plus énergique des moyens d'actions donnés à ce fonctionnaire pour sanctionner ses ordres : il la prononçait, sous la surveillance du gouverneur de la province qui seul statuait en dernier ressort.

Nous venons de citer les principales attributions du *curator reipublicæ*, sans avoir la prétention d'en tracer un tableau complet. Bornons-nous à ajouter qu'il intervient chaque fois que la for-

---

(1) Loi 46, D. 39, 5.

tune municipale est en jeu. Car, dès le IIIe siècle de notre ère, il est le seul représentant de la cité. Sauf la juridiction, qui passe aux gouverneurs de province, il réunit en lui toutes les magistratures : En effet, peu à peu toutes les fonctions municipales, édilité, duumvirat, questure, s'effacent, ou descendent à l'état de simple *munus;* tandis que le *curator reipublicæ,* d'abord simple agent du pouvoir central, choisi plus tard dans le sein même de la Curie, occupe bientôt sur l'*album* le rang suprême.

Troisième période. — De même que nous avons vu sous Nerva, les édiles et les questeurs céder la place au *curator reipublicæ,* de même dans la troisième période où nous entrons, nous verrons ce fonctionnaire disparaître et une nouvelle magistrature s'élever.

A quelle époque parut le *defensor civitatis?* Aucun texte ne nous l'indique. Seule, à la date de 364, une loi nous apprend que les empereurs Valentinien et Valens défendent de choisir des *defensores* parmi les décurions (1). Ce que nous savons c'est le rôle, bien humble au début, qui leur fut assigné. Opprimés par les agents impériaux, abandonnés par l'incurie de leurs magistrats, les municipes sentirent le besoin de porter leurs doléances aux princes par une voie plus sûre

---

(1) Loi 2, C. I, 55.

et moins partiale que celle du gouverneur de province : le *defensor civitatis* fut chargé de cette mission. Ce rôle difficile donna bientôt à celui qui en fut investi un prestige sans égal ; peu à peu il absorba toute autre magistrature : il reçut une juridiction qui annihila bientot celle des duumvirs. Il jugeait au civil et au criminel pour les affaires de peu d'importance ; suppléait le gouverneur absent, veillait à la sûreté publique ! Lourde tâche en ces temps troublés, où le *defensor* devait empêcher le brigandage, combattre les *potentes* qui protégeaient et encourageaient ces désordres, arrêter et livrer à la justice les coupables pris en flagrant délit (1). Remarquons que chargé de signaler les abus, le *defensor* n'a pas qualité pour les réprimer lui-même et n'a pas le pouvoir de prononcer une amende.

Son rôle dans les finances, est tout aussi important : c'est lui qui contrôle les opérations des répartiteurs et des percepteurs d'impôts, qui défend les citoyens contre les envahissements du fisc, et renvoie devant les tribunaux compétents ceux qui se rendent coupables d'exactions (2).

L'institution du *defensor* fut d'abord limitée à certaines villes. Mais le même besoin la fit étendre à toutes les cités : partout on vit le peu-

---

(1) Loi 8, C. théodosien, I, 29.
(2) Loi 9, C. théodosien, I, 55.

ple, les clercs, les *honorati* et les décurions élire ensemble cette sorte de tribun de la plèbe, chargé de protéger les faibles contre les puissants : et alors que depuis Tibère le forum est vide et les comices supprimés, le droit de vote est rendu au peuple pour se choisir ainsi un défenseur. Étrange défenseur, nous dit la loi 692, que ce magistrat qui se livre le plus souvent aux crimes qu'il a pour mission de réprimer, et reçoit du peuple accablé le surnom significatif d' « *eversor civitatis* ».

Dès 458, Majorien constate que la plupart des villes ont renoncé à cette protection dérisoire. Il essaie de relever cette institution déconsidérée et s'il réussit un instant dans cette œuvre difficile, c'est qu'une force nouvelle vient s'ajouter à la haute mission du *defenssor*, celle de la foi chrétienne, L'influence prépondérante du clergé à cette époque, où le christianisme triomphait comme religion d'État, désignait forcément l'évêque à ce poste périlleux.

Deux fois l'élu du peuple, l'évêque-magistrat était le seul qui restât debout, pour porter le fardeau des affaires et ranimer dans la plèbe amoindrie l'étincelle de la vie politique. Aussi bien en Orient qu'en Occident il sut remplir dignement cette lourde tâche. Au milieu des invasions du V⁰ siècle qui « est peut-être de tous celui où l'humanité a le plus souffert, » nous voyons l'évêque au premier rang fidèle à son poste pour la

défense des cités : tandis que les décurions, ruinés et avilis, fuyaient à l'envi les charges publiques, l'évêque restait seul pour veiller à l'invasion,
l'écarter si c'était possible, ou tout au moins mettre
entre le vainqueur et la cité l'imposante médiation
du sacerdoce.

Telles sont les trois étapes qu'a parcourues
dans l'histoire des municipes. l'administration
des finances. Examinons maintenant en détail
l'organisation et la mise en œuvre de ces divers
rouages administratifs.

II.

Perception des impôts. — Moyens d'action contre le contribuable. — Vérification des comptes. — Autorité chargée d'apurer les comptes.

Les rôles de l'impôt une fois approuvés par le président de la province, des *exactores* en exigeaient
le montant des contribuables, puis le versaient
dans la caisse de trois *susceptores* de la province,
Ces *exactores* étaient nommés le plus souvent par
la Curie dans une assemblée générale ; leur gestion
était garantie par les dix premiers décurions
inscrits sur l'*Album* et appelés pour ce fait *decem
primi* ou *decaproti*. La *decaprotia* rentrait parmi
les *munera mixta* que nous avons indiqués plus
haut : et le nom des *exactores* comme celui des

decem primi devrait être communiqué au gouverneur.

Tels sont les fonctionnaires chargés de percevoir l'impôt. Il nous reste à voir comment ils s'acquittaient de leur mission. Et tout d'abord fixons l'époque où les collecteurs pouvaient réclamer leur argent au contribuable : celui-ci pouvait s'acquitter par tiers, aux calendes de janvier, de mai et de septembre. Pour forcer le contribuable à payer, il faillait donner aux collecteurs certains moyens d'action : mais on voulut aussi protéger les citoyens contre l'avidité des agents fiscaux : aussi leur fut-il défendu d'user contre les retardataires de violences physiques. La contrainte par corps, permise pour les dettes civiles, n'était pas possible pour le recouvrement de la créance publique. Les seuls moyens licites étaient d'expédier au débiteur de l'*ærarium* certains agents *ducenarii, centenarii, sexagenarii* ; ou bien encore des *minuscularii*, sorte de garnisaires. Enfin, le gouvernement pouvait autoriser la vente des biens du débiteur, par un décret: deux mois après ce décret, la vente avait lieu. Le saisi conservait pendant 6 mois la faculté de reprendre le bien vendu en remboursant toute la dette.

On s'étonnerait de voir le fisc impérial prescrire tant de modération aux *exactores*, et prendre en main avec tant de sollicitude l'intérêt du contribuable opprimé. Mais tout s'explique, si nous

nous rappelons que le système de régie directe
par la Curie, bien supérieur au système vexatoire
de la ferme, fut réduit à néant par la loi du Digeste qui rendit les *exactores* responsables, sur
leurs biens propres, de l'insolvabilité des contribuables : l'*exactio tributorum* devient un *munus
patrimonii*. Ainsi, les *decem primi* sont responsables pour avoir présenté les *exactores*, la Curie
tout entière, pour les avoir nommés. Il ne faut
pas chercher ailleurs la cause de la ruine des municipes : le décurion pliant sous ce fardeau, op-
prime bientôt à son tour les *possessores*, et la vie
municipale s'arrête, devant la pénurie absolue des
citoyens.

Chacun des comptables devait rendre, à la fin
de chaque année, ses comptes de gestion. Il devait
établir le montant des revenus perçus et justifier
de leur emploi. La loi de Malaga (1) nous montre,
sous l'empire, une commission de trois décurions,
nommés par la Curie, au scrutin secret, chargés
sous la foi du serment, de vérifier ces comptes,
c'étaient les *patroni causæ*. Parfois le gouverneur
de la province procédait lui-même à ce controle ;
d'autres fois encore, il confiait cette vérification à
des inspecteurs spécialement délégués à cet effet.
Ce controle excluait-il celui des trois commissaires de la Curie? Était-il, au contraire simultané ?

---

(1) *Lex Malacitana*, LXVII, LXVIII.

Nous ne saurions le dire. Ce qui est constant et d'une importance capitale, c'est l'immixtion toujours plus envahissante du pouvoir impérial dans les affaires locales. Nous avons dit maintes fois déjà quelle préoccupation dictait aux empereurs cette sollicitude intéressée : diminuer les dépenses des municipes, développer leurs ressources et en augmenter le rendement, c'était remplir du même coup la caisse impériale et assurer aux besoins toujours croissants de l'empire un aliment toujours prêt.

Aussi voyons-nous chaque empereur donner à ce sujet des ordres sévères, témoin la lettre de Constance à Marcellin, comte d'Orient.

Les *patroni causæ* pouvaient soit approuver les comptes et décharger en conséquence le percepteur ; soit exercer contre lui les poursuites nécessaires. Plus tard les comptes durent être approuvés par le gouverneur. Sitôt les comptes apurés, le comptable n'était dégagé de sa responsabilité que par un délai de vingt ans. Les héritiers, mieux traités prescrivaient par dix ans. Toutefois une erreur de calcul, reconnue après ces délais, pouvait être rectifiée.

Si la commission municipale avait approuvé les comptes les yeux fermés, Modestin nous dit qu'aucun recours n'était possible contre le comptable : mais la cité attaquait alors les commissaires complaisants.

III,

Responsabilité des administrateurs des finances municipales. — Effet juridique des contrats passés au nom de
la cité.

Nous savons quelle importance les empereurs
attachaient à la bonne gestion des finances municipales : montrons par quelle mesure ils assurèrent
la rentrée des revenus municipaux. Le magistrat
municipal, et c'est là, nous pouvons le dire, la ca-
ractéristique de l'organisation romaine, était personnellement responsable, vis-à-vis de la cité, de
tout préjudice qui pouvait provenir d'un acte quelconque de son administration. Nous aurons bientôt expliqué ce caractère de responsabilité personnelle, quand nous aurons examiné une controverse célèbre qui s'y rattache. La première question
qui s'offre en effet à notre étude c'est l'interprétation de la fameuse loi *Civitas* (1). La cité est-elle
liée pour le tout par le contrat passé par son
administrateur? Est-elle simplement tenue *quatenus locupletior facta est?* En d'autres termes
l'administrateur de la cité est-il soumis aux règles
d'administration du tuteur? N'est-il, au contraire, qu'un simple *negotiorum gestor?*

---

(1) Loi 27, *De rebus creditis*, D. XII, 1.

Tel est le point qui divise les interprètes :
voyons d'abord sur quels textes s'appuient les opinions en présence. Ulpien nous dit et c'est cette
loi qui soulève la controverse: « Civitas mutui
« datione obligari potest, si ad utilitatem ejus
« pecuniæ versæ sunt ; alioquin ipsi soli qui con-
« traxerunt, non civitas, tenebuntur. » Deux in-
terprétations ont été proposées. Bornons-nous,
sans entrer dans trop de détails, à indiquer
comment l'une et l'autre opinion se peuvent défendre.

Cette loi signifie pour les uns que lorsque l'administration de la cité aura négligé de se faire
donner par la Curie, mandat spécial pour contracter emprunt, la cité ne devra l'argent prêté
que *quatenus locupletior facta erit.* Le créancier
n'aurait contre la ville qu'une action *de in rem
verso :* car il est en faute d'avoir contracté à la
légère avec un mandataire irrégulier. Qui ne voit
que décider autrement serait ruiner sans retour
le crédit des villes, et, par une protection mal
comprise, compromettre leurs intérêts pécuniai-
res que la loi a voulu sauvegarder. Cette loi *Civitas*
pour MM. Jalel de Chastanet, Busquet et Quinion
ne signifie donc pas autre chose que ceci : la faculté d'emprunter ne rentre pas dans les pouvoirs
réguliers de l'administrateur des cités : un mandat
ad hoc est nécessaire sous peine, pour le créancier,
de voir son droit réduit à une action *de in rem*

verso contre la ville et à un recours contre l'administrateur par l'action *causa data causa non secuta.*

A cette interprétation, voici ce qu'oppose l'opinion adverse : Sur quoi s'appuie-t-on pour restreindre l'application de la loi 27 *De rebus creditis* au cas d'un mandataire irrégulier? Quel texte nous autorise à exiger de l'administrateur un mandat spécial pour emprunter? N'avons-nous pas au contraire un texte de Marcien qui nous dit (1) : « Si is, qui bona reipublicæ jure adminis- « trat, mutuam pecuniam pro ea accipiat, potest « rem ejus obligare. » Ce texte ne fait-il pas rentrer formellement dans les pouvoirs des administrateurs de la cité la faculté de contracter un emprunt en son nom? Que devient alors l'interprétation première de la loi *Civitas*?

N'est-il pas plus simple et plus logique de dire que le magistrat n'est pas plus un tuteur que la ville n'est un mineur en tutelle; que le magistrat qui contracte agit en son nom personnel, et que les actions propres à chaque contrat naissent directement à son profit et contre lui? Plus tard, le préteur accorde à la ville des actions utiles, et aux tiers d'autres actions utiles contre la cité, pour lui réclamer ce qu'elle devait à son magistrat, a son *negotiorum gestor.*

---

(1) Loi 11, D. **XX**, 1.

Si nous considérons l'administrateur comme un simple *gérant d'affaires*, tout s'explique, et les textes, obscurs tout d'abord, s'éclaircissent. Simple *negotiorum gestor*, le magistrat ne peut recourir contre la cité que pour le bénéfice qu'il lui a procuré. Voilà pourquoi tout acte d'administration d'un magistrat municipal l'oblige lui, personnellement, car il le passe à ses risques et périls. Les tiers qui recourent contre la cité, à quel titre agissent-ils? Du chef du magistrat leur débiteur; ils ne peuvent donc exercer contre la ville plus de droits et actions qu'il n'en compète à leur débiteur, en d'autres termes, ils ne peuvent agir contre la ville que dans la limite où le magistrat est son créancier, c'est-à-dire *quatenus locupletior facta est*. Notre loi 27 *De rebus creditis* ne fait qu'appliquer cette règle de droit commun.

Posons donc en principe que le *curator* est responsable personnellement envers les tiers, et tenu des actions résultant du contrat, de la *conditio certi ex mutuo* pour le capital, de l'action *ex stipulatu* pour les intérêts des sommes empruntées au compte de la ville. Une double action naît de ce contrat : l'une contre le magistrat, l'autre contre la ville. Paul nous dit en effet : « In duumvi-« ros et rempublicam etiam post annum actio da-« tur ex contractu magistratum municipalium. »

Nous savons quelles actions les tiers peuvent avoir contre les magistrats; mais quelles actions leur accordera-t-on contre la cité? Ce ne sera pas l'action *de in rem verso*, mais l'action utile du contrat, l'*actio ex mutuo utilis*, dans l'espèce d'Ulpien. Mais si le nom est différent, la situation est identique, et le tiers ne pourra intenter contre la ville cette *actio utilis* donnée par le préteur, que dans les limites mêmes où le curateur aurait pu intenter l'action *negotiorum gestorum*.

Ajoutons que, lorsque le curateur garantissait un emprunt, en donnant en gage les biens de la cité, ce gage couvrait non pas la dette du curateur, mais seulement ce qui pourrait être réclamé à la cité par l'action *utilis ex mutuo*.

Faut-il une preuve décisive et dernière pour établir que le contrat se passait entre le tiers et le magistrat et non la cité? La loi 11 *de usuris* (1) va nous la fournir : « Gaius Seius, qui rempu-
« blicam gerebat fœneravit pecuniam sub usuris
« solitis; fuit autem consuetudo ut intra certa
« tempora non illatis usuris, graviore infligeren-
« tur; quidam debitores cessaverunt in solven-
« dis usuris, quidam plus intulerunt, et sic affec-
« tum est ut omne, quod usurarum nomine com-
« petebat, etiam pro his qui cessaverant in usuris,
« suppleatur; quæsitum est au illud quod am-
« plius ex consuetudine nomine pœnæ a quibus
« dam exactum est ipsi Seio profitere deberet,

---

(1) Loi 11, D. XXII, 1.

« an reipublicæ lucro cederet. Respondi : Si
« G. Seius a debitoribus usuras stipulatus esset,
« eas solas reipublicæ præstari opportere, quæ
« secundum formam ab his exigi solent, etiamsi
« omnia nomina idonea sunt, » Peut-on dire
plus nettement que le contrat n'aura d'effet
qu'entre le magistrat et le débiteur? La ville tou-
chera ses intérêts ordinaires, et le surplus, perçu
à titre de peine, appartiendra à l'administrateur
alors même qu'aucune compensation n'excuse-
rait cet abandon, sans qu'il ait aucun déficit à
combler.

Nous venons d'étudier l'effet du contrat passé
par l'administrateur municipal vis-à-vis des tiers,
posons en quelques mots les règles de sa responsabilité envers la cité. Tenu non-seulement de son
dol, mais même de sa faute légère, il devra rendre
indemne la cité du jour où la charge lui a été confiée, ne l'eût-il exercée que plus tard. Une différence est à noter pourtant : coupable de dol, le
magistrat est tenu *in duplum* et cette peine, stric-
tement personnelle ne passe pas à ses héritiers.
Coupable de simple faute, il est tenu *in simplum*
et ses héritiers comme lui.

Dans le bail consenti pour les biens des cités,
c'est la ville elle-même qui est *locator*. Le *curator*
n'a plus qu'un devoir : garantir à la ville le paiement des loyers, et pour cela exiger du preneur des
sûretés (*prœdes, prœdia, cognitores*). Bien plus,

6.

les cautions se sont-elles engagées directement
envers la ville, par l'intermédiaire d'un *servus
publicus?* le *curator* est alors dégagé de toute responsabilité.

Pour le placement des capitaux, si le placement
a été fait par un *servus publicus*, directement, le
curator se voit réduit à un rôle de surveillance : il
doit dénoncer au gouverneur le débiteur qui devient insolvable; mais si au moment où il sort de
charge, les débiteurs sont solvables, il est dégagé
de toute responsabilité à l'avenir.

A-t-il au contraire placé lui-même le fonds publics, il répond alors de l'insolvabilité des débiteurs
à moins que son successeur, en approuvant le placa-
cement, n'ait fait en quelque sorte la faute tienne
et tombe par suite sous le coup de la règle posée
par Modestin à propos des tuteurs: (1) « Pericu-
« lum nominum ad eum cujus culpa deterius fac-
« tum probari potest, pertinet. »

Le comptable en retard pour restituer les deniers publics, en sortant de charge, en doit les
intérêts du jour où finit sa gestion. La loi de Malaga nous apprend qu'un délai de grâce peut
toujours leur être accordé, délai fixé le plus souvent à 30 jours.

---

(1) Loi 35, D. *De reb. cred.* XII, I,

IV.

Garantie de la responsabilité des administrateurs muni-
cipaux. — Sûretés réelles. — Sûretés personnelles. — La
Fidéjussion : dérogations au droit commun; *nominator*.
— Responsabilité du collègue. — Du *paterfamilias*. —
Dans quel ordre la cité peut exercer ces recours. — Re-
cours des garants entre eux. — *Restitutio in integrum*.

Il pouvait arriver que la responsabilité imposée au magistrat municipal devint illusoire par le
fait de son insolvabilité. Aussi le législateur, prévoyant ce danger, exigea de tout fonctionnaire un
certain nombre de garanties. Tout candidat devait fournir des sûretés réelles, *prœdia*. Qu'il eût
été nommé sur sa demande. ou d'office, la loi de
Malaga nous le montre fournissant la caution *rem
publicam salvam fore* et sa promesse devait être
appuyée par des fidéjusseurs (1).

Dans les règles imposées aux fidéjusseurs des
comptables, signalons une double dérogation au
droit commun. Tout d'abord, la caution d'un
fonctionnaire municipal jouit du bénéfice de discussion, bien avant que Justinien ne l'ai établi ent
règle générale dans la novelle 4: le fidéjusseur
poursuivi refusait de payer avant que la cité
n'eût discuté (*nisi excutiat*) le débiteur principal,

____

(1) Loi 38, § 2, D. L. 1.

c'est-à-dire l'administrateur. Cette dérogation était comme on voit, toute en faveur du fidéjusseur. Signalons en une seconde, favorable aux seuls intérêts de la cité. Par l'effet instinctif de la *litis contestatio*, la poursuite dirigée contre le débiteur principal, éteignait l'obligation d'après le le droit commun, et par suite. libérait le fidéjusseur. Il en était tout autrement en matière de recouvrement d'impots : le fidéjusseur engagé pour un comptable restait tenu, même aqres qu'il y avait eu *litis contestatio* avec le débiteur principal (1).

Nous aurions pu caractériser d'un mot la nature de l'obligation des cautions d'un fonctionnaire ce sont des *fidejussores indemnitatis*, et les règles qui leur sont applicables sont nettement déduites dans une constitution d'Alexandre Sévère au Livre 5 du Code (titre 57, loi 2).

Cette *fidejussio indemnitatis*, chaque fois qu'elle cautionnait une dette née, non pas d'un contrat passé par le magistrat lui-même, mais à lui imposée par son *officium* d'administrateur, ne garantissait que le capital. Cette distinction résulte clairement de ce passage de Paul : « Paulus res-« pondit : eos qui pro aliis, non ex contractu sed « ex officio, quod administraverint, conveniun-« tur, in damnum sortis substitui solere, non « etiam in usuras. »

---

(1) Loi 116, D. 45, 1. — Loi 41 pr. D. 46, 1.

Nominator. — Pour augmenter encore les sûretés des municipes, tout fonctionnaire sortant de charge devait désigner son successeur et cette « *nominatio* » entraînait pour lui une responsabilité semblable à celle des fidéjusseurs. Il garantissait la solvabilité de son successeur jusqu'au jour où ce dernier sortirait à son tour de charge. Devenait-il insolvabla seulement après la cessation de sa question, la cité ne pouvait attaquer que les magistrats en fonction, pour leur négligence à poursuivre le magistrat sortant : quant au *nominator*, il était désormais hors de cause.

Ajoutons que les *nominatores* pas plus que les *fidejussores* ne garantissaient les délits des magistrats : ils ne peuvent rendre la cité indemne de préjudices non prévus au moment ou s'est formée leur obligation. Papinien nous dit, en parlant de ces cautions (1) : « Eos enim damnum rei « publicæ, prœstare satis est, quod promitti vide - « tur. »

Il nous reste à signaler deux garanties accordées encore à la cité, je veux parler de la responsabilité du collègue, et de celle du *paterfamilias.*

Rome, où les magistratures étaient généralement confiées à deux ou plusieurs fonctionnaires, avait compris qu'il n'est pas de frein plus puissant aux abus que de rendre chaque magistrat

---

(1) L. 17, § 15, D. *ad municip.* L. 1.

responsable de l'administration de son collègue. De là, naissait un contrôle incessant et mutuel, activé par le plus puissant mobile, l'intérêt. Cette responsabilité, considérée comme une règle d'ordre public ne pouvait cesser par une convention privée, et passait aux héritiers du fonctionnaire.

Il pouvait arriver de plus que le fonctionnaire fut un fils de famille : le père était alors tenu des actes de gestion de son fils. L'émancipait-il pour échapper à cette charge, l'émancipation était nulle. S'était-il formellement opposé à la nomination de son fils, il n'était plus tenu que *de in rem verso*. Cette obligation ne passait aux héritiers du père que pour les seuls honneurs conférés au fils du vivant du père (1) : « honores « qui filio decurioni congruentes post mortem « patris obligerunt, ad onus coheredis filii non « pertinent, cum ei decurioni sufficientes facul- « tates pater reliquerit. »

Ordre du recours. — Telles sont les personnes qui garantissaient à la cité la bonne gestion de ses agents. Mais dans quel ordre devait-elle les actionner ? Il faut ici distinguer entre le magistrat investi d'un *honor* et l'officier remplissant un *munus.*

S'agit-il d'un *honor* ? Papinien (2) nous a dit :

____

(1) Loi 15, D. L. IV.
(2) Lois 11 et 13, § 1, D. 50, 1.

la cité poursuivra d'abord le magistrat titulaire ;
puis le fidéjusseur, concurremment avec le père
qui lui est assimilé ; enfin le *nominator* ; en dernier lieu le collègue. Chacun d'eux peut refuser
de répondre aux poursuites s'il se trouve précédé sur cette liste par un garant solvable.

S'agit-il d'un *munus* ? Il faut distinguer si ce
munus a été déféré *pro diviso*, ou *pro indiviso*.
S'il a été déféré *pro diviso*, on suit, le même ordre
que pour les *honores* et le collègue n'est poursuivi qu'en dernier lieu. A-t-il été déféré *pro
indiviso*, la cité poursuivra le collègue avant le
nominator.

Recours des garants entre eux. — Le droit
commun ouvre à la caution qui a payé la dette
principale, diverses voies pour rentrer dans ses
avances. En première ligne il faut placer le bénéfice de cession d'action : la caution d'un fonctionnaire, usant de ce droit, peut forcer la cité à
lui céder ses actions contre le débiteur principal.
Grâce à cette cession, il pourra poursuivre les
autres garants et leur faire partager la dette
que l'insolvabilité du débiteur met à leur charge.
Inutile d'ajouter que si le fonctionnaire redevient
solvable, la caution qui a payé la dette, pourra
recourir contre lui pour le tout.

Tout magistrat devait rembourser à son collègue la dette que celui-ci aurait été contraint
d'acquitter pour son collègue.

L'action par laquelle s'exerçait le plus souvent ces recours, était l'action en gestion d'affaires. En présence de garanties aussi sérieuses, et si habilement combinées, il semble impossible qu'aucun préjudice pût jamais naître pour la cité. Le législateur cependant le prévit.

Il y avait en effet des cas, fort rares, il est vrai, où tel contrat passé directement entre la cité et les tiers, obligeait la ville sans engager la responsabilité des magistrats. Une acceptation de succession onéreuse a pu être faite par un esclave de la cité; une prescription a pu s'accomplir contre la ville; on peut prévoir en outre le cas où toutes les cautions garantissant la créance municipale seraient insolvables. Aussi la loi accorda-t-elle aux cités la ressource suprême de la *restitutio in integrum*.

Ce recours était formé par le *syndicus* ou *actor* de la cité, devant le gouverneur, qui n'accordait la restitution que dans les cas les plus graves.

En un mot, on applique aux cités, sur ce point, les règles posés pour les mineurs : « Res publica « minorum jure uti solet, ideoque auxilium res-« titutionis implorare potest (1). »

---

(1) Loi 4 au C. 2, 44.

V.

DÉCADENCE DU RÉGIME MUNICIPAL.

Telle était, reproduite à grands traits, l'organisation financière du municipe romain. Tant que la politique impériale favorisa l'essor des municipes, tant que les craintes des Césars cherchèrent à reculer au fond des provinces et à renfermer sur le Forum de villes lointaines, les luttes politiques qui ébranlaient leur trone, on vit naître et grandir sans relâche la prospérité des cités. Des foyers de vie politique s'entretinrent ainsi et portèrent le système municipal à sa perfection. Ce fut là le point d'appui solide, la base sur laquelle reposait l'Empire : ce fut pourtant le pouvoir impérial qui se renversa lui-même, en sapant les assises de ce régime auquel il devait son salut. Un système puissant de centralisation, d'abord tutélaire, bientot excessif, fut inauguré par les Empereurs, et déjà, sous Constantin, la province est tellement dans la main du pouvoir central que le jeu des institutions locales s'arrête, et la vie mnnicipale s'éteint.

Cette centralisation extrême qui portait comme la paralysie au sein des administrations municipales, était un besoin des temps. Des nécessités de plus en plus impérieuses forçaient l'Empereur à substituer son action despotique à la débilité croissante des curies municipales. Mais le remède fut pire encore que le mal et il fut bientôt impuissant à faire face aux dangers sans nombre qui assiégeaient l'Empire.

« Le despotisme des Empereurs romains vivait
« en présence de trois dangers : les Barbares qui
« avançaient toujours et qu'il fallait vaincre ou
« acheter ; la populace qui augmentait toujours
« et qu'il fallait nourir, amuser et contenir ; les
« soldats, seule force contre ce double péril, et
« force d'autant plus périlleuse elle-même qu'il
« fallait l'étendre et lui accorder chaque jour da-
« vantage (1). »

Pour faire face à ce triple danger, l'Empire organisa ce que M. Guizot appelle « une vaste machine administrative » dont la seule mission fut d'arracher aux *possessores*, par l'intermédiaire des Curiales, les ressources nécessaires aux besoins croissants dé l'Etat. Devenus percepteurs de l'impot, responsables sur leurs biens propres, les curiales fuient la Curie : des lois les y ramènent, les y enferment comme en une geole : le décurionat, jadis un honneur et un droit, devient une peine : on condamne les criminels à la Curie ! Les cités se dépeuplent. Les priviléges et immu-

---

(1) Guizot, *Essais sur l'Histoire de France*, 1ᵉʳ essai.

nités prodigués par chaque prince à ses favoris ou aux ennemis qu'il redoute, rendent plus accablant encore le fardeau qui écrase les derniers curiales. De tous cotés s'élèvent de véritables forteresses où les *potentes*, bravant le pouvoir impérial, rassemblent autour d'eux une clientèle de misérables, et créent à leur profit, par la force et le brigandage, les plus larges immunités.

Ainsi le chaos allait croissant; et si les empereurs, dans un effort suprême, tentaient de rendre encore des lois, pour enrayer la décadence des municipes, ces velléités impuissantes échouaient devant la corruption générale et l'énervement du pouvoir. Nous avons vu les efforts tentés par Majorien pour ressusciter le municipe, et faire revivre dans une fonction nouvelle les anciennes magistratures : nous savons comment finit cette institution du *defensor civivitatis*.

Le municipe romain subsista de nom pendant quatre siècles encore après Justinien; mais « en réalité il avait disparu le jour où la cité ne fut plus qu'une circonscription administrative, la Curie une compagnie de percepteurs, et les magistrats des fonctionnaires subalternes, agissant sous l'impulsion et d'après les ordres du pouvoir central. » La centralisation avait tué la vie municipale.

Aussi, quand le gouvernement impérial se crut

assez fort, dans son despotisme, l'empereur Léon
le Philosophe put-il supprimer, comme « inutiles », les dernières vestiges de l'organisation municipale, par la Novelle 46.

TABLE DES MATIÈRES

DE LA

PREMIÈRE PARTIE.

Le municipe romain.

CHAPITRE III.

GESTION DES FINANCES MUNICIPALES.

III.

IV.

V.

DEUXIÈME PARTIE

LES FINANCES DE LA COMMUNE

ET LA

QUESTION DES OCTROIS

INTRODUCTION HISTORIQUE

I.

Théorie de la non persistance du régime municipal romain dans les Gaules. — Révolution communale au XII° siècle. — État des finances municipales au moyen-âge — sous la monarchie. — Situation des communes en 1789.

De toutes les questions soulevées par notre histoire nationale s'il en est une qui ait divisé la science, c'est celle des origines de la commune moderne. Le municipe romain a-t-il survécu à la novelle 46, aux invasions du V° siècle et à l'établissement de la féodalité? A-t-il disparu au contraire avec l'empire sous le coup des haines amassées contre lui par plusieurs siècles d'oppression? En un mot la révolution communale du XII° siècle dont nous allons retracer l'histoire, est-elle une *renaissance*? Est-ce au contraire un mouvement spontané, original, né du besoin des temps? L'une et l'autre de ces opinions ont eu de brillants défenseurs : examinons, sans trop de détails cette délicate controverse; et tout d'abord exposons les arguments avancés par les partisans de la persistance du régime municipal romain dans les Gaules.

Parmi ceux qui ont soutenu cette opinion, Augustin Thierry et M. Raynouard au premier rang; convaincus tous deux de la vérité de leur système, chacun a fouillé les textes des siècles écoulés depuis la chûte de l'empire romain en 476, jusqu'à la révolution communale, dans l'intention bien arrêtée d'y trouver des preuves de la perpétuité du régime romain. Nous ne pouvons dans une aussi courte étude suivre pas à pas le système développé par l'inimitable historien du tiers-état. Nous nous bornerons simplement à examiner le système péniblement édifié par M. Raynouard sur des textes dont il nous sera facile de démontrer le peu d'autorité.

En général, nous pouvons adresser au savant écrivain ce reproche de conclure sans cesse de la permanence des formes et des formules à la permanence des institutions. C'est ce même procédé, peut conforme à notre sens, à une saine apprécia- des texte, qui se produit dans presque toutes les citations de l'Histoire du droit municipal. Citons-en quelques-unes dans le nombre. Au tome 1er (p. 294) (1), M. Raynouard triomphe, au sujet des insinuations de donations faites à *la Curie*, sans vouloir reconnaître que ce sont là

---

(1) *Marculfi Formulæ*, XXXVII..

simples reproductions d'antiques formules latines,
Plus loin (p. 316) (1) il nous parle *du Sénat* de
Vienne; mais ce Sénat n'est autre chose que *la
Curie* dont parle le formulaire de Marculfe, c'est-
à-dire une réminiscence d'érudit chez ce moine
contemporain de Charlemagne. A Angers, M.
Raynouard, pour établir l'existence d'une Curie
et d'un *defensor civitatis*, nous montre des actes
insinués aux *gesta municipalia*. Il est facile ici de
se convaincre que ce sont formules vaines, reco-
piées par routine, car la suscription de l'acte
dément l'assertion de M. Raynouard : il y est
parlé en effet d'un *comes* et de *centenarii*; pas la
moindre allusion à des *curiales*, à un *defensor*.
Mais celui de tous ces textes où la bonne foi de M.
Raynouard nous semble surprise à coup sûr par
l'entraînement de son système, c'est celui cité à
la page 334. Ici le copiste, non content de recopier
une formule ancienne, ne la comprend même plus,
il n'a plus même la notion de la valeur des mots:
quelle autorité pouvons-nous accorder au dire
d'un scribe qui écrit *densator* (2) pour expri-
mer un *defensor* ou *defensator* ? D'ailleurs, l'acte

----

(1) *Non habetur incognitum qualiter fratres* senatu
nobilis Viennensis res nostras Deo, tibique tradimus, etc.
Charte de la fondation d'un monastère en 543.

(2) « *Precamur vos, domne Fredelo,* actor vel densator,
cum judices vestros, vel ceterasque |personas... » Ménard,
Histoire de Nîmes, t. 1ᵉʳ.

qui suit ce préambule et qui contient le jugement, suffirait à prouver l'inanité de ces formules. Il n'y est en effet nullement parlé de *curiales*; il s'agit d'un *plaid* où figurent deux comtes, des juges, et des *boni homines*, (les successeurs des *reichemburg*, ou *rachimburgii* du *mallum* germanique). De bonne foi, y a-t-il dans ce texte matière à conclure à la persistance du régime municipal romain? Il est vrai de dire que M. Raynouard, qui cite *in extenso* le préambule de ce texte, malgré les grossières erreurs du copiste, a grand soin de passer sous silence le corps du jugement qui suffit à lui seul à ruiner son système.

En résumé, nous pouvons dire à M. Raynouard: de semblables textes ne prouvent rien. D'abord parce qu'ils sont très-évidemment la copie plus ou moins altérée de formules romaines; en outre, il n'y a rien de surprenaut à ce que les noms aient survécu aux institutions, surtout dans la langue littéraire, quand nous voyons les écrivains latins du moyen-âge torturer la langue pour affubler les magistrats du temps de dénominations latines; alors surtout qu'il est constant que par ces appellations barbares, ils désignent des comtes et des échevins.

Le système proposé par M. Raynouard, adopté par A. Thierry avait besoin du talent inimitable de cet historien, pour offrir une apparence de solidité. Toutefois nons sommes forcés de combattre

l’opinion du maître, lorsqu’il essaie de nous prouver que le régime romain fût prospère au V⁰ siècle,
et que les *universates* du moyen-âge sont sorties
du désir des populations de revenir aux usages
romains. En effet, jamais les textes n’expriment
de pareilles idées ; le souvenir des institutions
romaines a disparu ; de plus, le municipe romain
et la commune du XII⁰ siècle n’ont aucun lien
commun. La commune, nous allons le montrer
bientôt, n’est qu’une concession arrachée au seigneur ; au lieu d’être, comme le municipe, un
rouage fiscal, elle n’a d’autre but que la conquête
d’une juridiction et d’une administration autonome. Ni dans son essence, ni dans son but, la
commune ne peut donc être comparée au municipe ; on ne peut assimiler davantage les consuls
ou échevins aux duumvirs et aux édiles, depuis
longtemps oubliés. Quant aux ressemblances
qu’on ne saurait nier entre ces deux organisations
municipales, séparées par plusieurs siècles de
guerre et d’invasions, on ne peut les attribuer qu’à
la force des choses ; à ce besoin de grouper des intérêts communs, de former un faisceau résistant
de plusieurs forces que l’isolement eut réduit à
l’impuissance. En un mot, la forme municipale a
été dans tous les temps et dans tous les pays, l’é-
closion spontanée d’un besoin inhérent à un certain degré de civilisation. Je n’en veux pour preuve
que le *Mir russe*, association communale qui re-

monte aux premiers siècles de notre ère, et qu'il
nous paraît difficile de rattacher au municipe romain.

Longtemps avant que le Normand Rurik, appelé avec ses Varégues au secours de Novgorod,
n'eût fondé la (862) monarchie russe, à l'époque où
l'apôtre André pénétra dans le nord de l'Europe,
les chroniques anciennes nous montrent sur les
bords du lac Ilmen, une véritable association communale. L'ancienneté et la puissance de cette république slave ne sauraient être mises en doute, s'il
faut en croire le vieux proverbe russe : « Qui
« pourrait contre Dieu et Novgorod la Grande ? »
Au VII° siècle « ses habitants indépendants,
« libres et égaux entre eux, enrichis par leur in-
« dustrie et leur commerce, se distinguaient par
« la douceur de leurs mœurs. C'était au IX° siècle,
« une république exclusivement composée de sla-
« ves, d'hommes parlant librement (*Slovenine*,
« homme parlant). Toute l'organisation politique
« y reposait sur ce droit de la parole libre, accordé
« à tout homme parvenu à sa majorité et s'acquit-
« tant de ses devoirs de citoyen. Le *Mir*, l'univer-
« salité des citoyens, était gouverné par l'assem-
« blée du peuple, par le *vetsché*. Tous les emplois
« étaient électifs, et les fonctionnaires responsa-
« bles devant le *Mir*, qui se réunissait annuelle-
« ment. Chaque commune de la république qui
« comptait cinq provinces conservait, qu'elle fut

« composée d'un ou plusieurs villages, l'adminis-
« tration de ses propres affaires. Tel fut le type de
« l'antique commune slavo-russe : à côté de Nov-
« gorod, les chroniques signalent d'autres répu-
« bliques jadis non moins libres et florissantes :
« Polotsk, Staraya-Ladoga, Smolensk, Kiew,
« Thernigof, etc. (1). »

L'égalité dans la liberté, tel était le caractère
de ces républiques slaves, disparues sous le flot
asiatique. Mais, tandis que dans les Gaules le
souvenir lointain des libertés municipales fut
comme transformé et absorbé par les institutions
guerrières et libres des Germains, l'invasion Tatare
n'apporta aux républiques slaves que le plus abject
esclavage. Le tzarisme triomphant étouffa bientôt
jusqu'aux derniers vestiges de ces antiques institutions de liberté. Seules, les sociétés secrètes,
dont les conspirations ébranlent chaque jour l'empire russe, sont restées gardiennes de ces traditions d'un passé glorieux. La Russie porte ainsi le
germe, je ne dirai pas d'un mouvement analogue
à celui qui marqua en France, les XI⁰ et XII⁰ siècles, mais de la plus farouche des révolutions so-
ciales.

A ces objections, A. Thierry répond en mon-
trant la persistance des magistratures locales dans

______

(1) J. Vilbort, *Les origines du nihilisme en Russie. Revue politique* du 28 février 1880.

les anciennes villes municipales ; et c'est sur des textes puisés au Code d'Alaric, qui date de 506, qu'il étaye son système. Sans vouloir récuser le témoignage du *Breviarium Alarici*, source un peu lointaine peut-être pour un espace de trois siècles, ramenons simplement la question à ses termes vrais : les magistrats ont subsisté, nul n'y contredit. Mais le corps municipal subsiste-t-il ? Toute la question est là.

Or, on n'a aucune preuve que le corps municipal ait survécu ; bien plus, on se demande pourquoi il aurait persisté : sa mission est finie en effet du jour où l'Empire tombé ne lui impose plus le rôle odieux d'exacteur du fisc. Comment comprendre qu'un pareil régime, l'objet de haines séculaires, ait été religieusement gardé par les villes, comme un dépôt précieux sauvé à travers les invasions barbares ! Et dans quel but conserver cette organisation odieuse ! Pour présider à l'administration des biens des cités ? Mais la cité dépouillée de ses droits, est tout entière aux mains de la féodalité triomphante ; plus de travaux publics à entreprendre ou à surveiller ; le commerce est mort, et les relations entre peuples sont nulles : la guerre féodale règne seule, en permanence. Dans ce chaos des premiers siècles de la féodalité, quel rôle aurait donc pu remplir ce prétendu corps municipal sorte de fantôme de la Curie romaine ?

N'est-il pas plus simple et plus logique de re-

connaître qu'en fait certains magistrats ont subsisté parce que la Cité en sentait le besoin pour
remplir des attributions de police, rendre la justice, et présider à certains actes publics, comme
les insinuations *apud acta municipalia.* Nous
trouvons en effet nombre de textes pour nous parler de procès et de registres municipaux : aucun
qui fasse mention d'une délibération d'un corps
de ville. Quant à vouloir que ces magistrats locaux, ces *scabini* dont parle A. Thierry, fussent
non-seulement des juges, mais des administrateurs, il est impossible de le prouver. Non-seulement ces scabins n'ont pas hérité des multiples
fonctions des *defensores,* mais les noms romains
eux-mêmes ont disparu. Le système des mâls mé-
rovingiens s'étend peu à peu à toute la Gaule;
c'est le régime barbare qui étouffe les débris des
institutions anciennes et s'implante à leur place
dans les mœurs gauloises.

Qu'on nous permette une dernière critique à
l'adresse du grand historien; nous ne saurions
admettre avec lui que le scabinat ait coexisté au
XI⁰ siècle, avec la juridiction des seigneurs justi-
ciers; et un double motif nous impose cette opinion. Tout d'abord il est impossible de fournir un
un texte qui établisse cette coexistence : bien
plus, tous sont unanimes dans le sens contraire.
On se demanderait au surplus à quoi eût servi ce
grand mouvement de la révolution communale

dont nous allons suivre les surprenants progrès, s'il était vrai que les villes eussent joui déjà de ces libertés locales, dont la conquête leur coûta tant d'or et parfois tant de sang?

Mais nous ne saurions nous étendre davantage sur cette question; résumons-la simplement. Tous les arguments présents à l'appui de la thèse de la persistance du régime municipal se réduisent, en dernière analyse :

A des arguments de textes qu'il est facile de réfuter; comme nous l'avons indiqué plus haut, la forme seule subsiste, le fonds a depuis longtemps disparu;

A des arguments fondés sur la perpétuité de la législation romaine, appliquée encore dans les Gaules par les Barbares. A quoi nous répondons que telle partie d'un Code peut continuer à recevoir son application, alors que telle autre partie est depuis longtemps oubliée : tel a été, selon nous, le sort des lois municipales romaines, au Code Théodosien;

A des arguments fondés sur une succession non interrompue de magistrats chargés de rendre la justice; cet argument, le plus spécieux qui ait été présenté, tombe devant cette simple remarque qu'une magistrature *judiciaire* ne constitue pas un corps de ville délibérant sur des matières *administratives*, et qu'on n'y saurait voir une organisation municipale.

N'est-il pas bien plus probable que le municipe, supprimé sous Léon le Philosophe par la Nov. 46, ne s'est pas relevé de cette condamnation prononcée par le prince, et ratifiée par la haine des peuples. Il est impossible de ne pas reconnaitre qu'il n'est rien de commun entre cette organisation romaine et l'organisation sortie du grand mouvement communal du XIIe siècle ; que, dans l'intervalle, il n'y a eu aucune institution municipale par la raison que le besoin ne s'en faisait pas sentir ; qu'en un mot, rien ne nous autorise à voir dans la commune du XIIe siècle un anneau de je ne sais quelle chaîne ininterrompue qui relierait notre commune actuelle au municipe fondé par Romulus.

II.

RÉVOLUTION COMMUNALE DU XIIe SIÈCLE.

Pendant que les Gaules subissaient docilement l'influence des Barbares et que la féodalité triomphait, un foyer de renaissance municipale se créait en Lombardie et en Toscane. Les cités qui se reconstituaient, prenant exemple sur celles de l'exarchat de Ravennes, villes pontificales gouvernées dès longtemps par des consuls, adoptèrent cette forme de magistrature qui devint le signe distinctif et comme le drapeau de la révolution communale. La réforme gagna bientôt la haute Italie : les villes s'y donnèrent des assemblées souveraines où se décrétait la paix et la guerre, et « ces chefs électifs appelés consuls, à la fois juges, administrateurs et généraux, devinrent la personnification d'une sorte de souveraineté urbaine. » Ce consulat électif passa bientôt les Alpes : depuis un siècle de nombreuses tentatives avaient eu lieu isolément dans les Gaules pour secouer le joug des évêques et des comtes ; la révolution italienne apporta son étincelle sur cette terre mûre pour la réforme, et l'incendie éclata de proche en proche ; les efforts isolés et jusque-là infructueux se transformèrent en révolution générale.

Le germe premier de cette révolution se trouve dans l'institution du *defensor civitatis* dont nous avons décrit plus haut l'immense influence et la généreuse mission. Nons savons que dès le V° siècle cette fonction municipale fut le partage presque exclusif du clergé. Ce fut la source première du pouvoir temporel des évêques, qui se partagèrent bientôt, avec les comtes d'origine germanique, le territoire de la Gaule. Lorsque Siagrius, fils d'Œgidius, et dernier représentant dans les Gaules de l'Empire tombé, fut vaincu et chassé de Soissons par Clovis, la dernière puissance romaine disparut de notre sol : Burgundes à l'est,

Wisigoths au sud, Bretons à l'ouest se partageaient la France actuelle. L'invasion des Franks trouva partout dans cette Gaule, en proie à des races si diverses, le pouvoir municipal confié à un magistrat électif, évêque ou *defensor*. C'est de ce principe de l'élection, premier germe de liberté ravivé par l'influence italienne, que sortit la révolution du XIIe siècle. De plus, la coutume germanique de rendre la justice dans un *mallum* présidé par le comte (*graf-graffio*) assisté de *reichemburg*, élus parmi le peuple, s'étendit bientôt dans toute la Gaule : les rachimbourgs devinrent ensuite des *scabini*, puis des échevins, qui portèrent dans le Midi le nom de *boni homines*. Au moment où la réforme municipale éclate en Italie, les *boni homines* essaient déjà d'étendre leurs attributions : constitués en une sorte de jury criminel; ils deviennent en outre arbitres dans les procès civils; bientôt, secouant le joug des seigneurs, ils se transformeront en administrateurs de la cité.

« L'idée dominante de ce grand mouvement communal, celle qui plane en quelque sorte sur la diversité de ces mille révolutions locales, c'est le besoin de ramener sous le régime public de la cité tout ce qui était tombé par abus, ou vivait par coutume sous le régime du domaine privé. » Cette pensée féconde ne devait pas s'arrêter aux bornes d'une révolution municipale. La loi écrite reprenant son empire, l'administration renaissant dans les villes, c'était le premier germe d'une série de révolutions destinées à battre en brèche la société féodale et à en faire disparaître un jour les derniers vestiges : en un mot, c'est l'origine du monde social des temps modernes. (A. Thierry, *Histoire du Tiers-État.*)

Si l'esprit de réforme qui souffla vers le XIe siècle sur les villes de la Gaule fut partout identique, il n'en fut pas de même de la forme qu'affecta cette révolution municipale. Un double courant s'établit : l'un, parti des villes de la Lombardie, gagna le tiers méridional de la Gaule où s'implanta le régime des consulats. Un autre courant sorti du fond de la Germanie, passa sur les municipes dégénérés du nord de la Gaule, et, secondé par le même esprit de réforme, fit sortir de la *ghilde* germanique la *commune jurée.* Une ligne tirée de l'est à l'ouest, et passant au sud du Poitou, au nord du Limousin, de l'Auvergne et du Lyonnais, marque en France les bornes où s'arrêta ce qu'on peut appeler la réforme consulaire. Dans la région du nord, déjà dégradée par l'influence des Barbares, il fallait un mobile plus simple , un mécanisme politique plus élémentaire que le régime raffiné des républiques italiennes : cet élément fut emprunté non plus à la tradition romaine, mais aux coutumes germaniques : ce fut le principe d'association de la *ghilde.* Laissons ici la parole à

l'éminent historien des *Considerations |sur l'His-
toire de France* (1).

« Dans l'ancienne Scandinavie, ceux qui seréu-
« nissaient aux époques solennelles pour sacrifier
« ensemble terminaient la cérémonie par un fes-
« tin religieux. Assis autour du feu et de la chau-
« dière du sacrifice, ils buvaient à la ronde [et
« vidaient successivement, trois cornss remplies
« de bière, l'une pour les Dieux, l'autre pour [les
« braves du vieux temps, la troisième pour les pa-
« rents et les amis dont les tombes, marquées par
« des monticules de gazon, se voyaient çà et là
« dans la plaine..... D'ordinaire cette réunion était
« appelée *ghilde*, c'est-à-dire banquet à frais com-
« muns, mot qui signifiait aussi association ou con-
« frérie; parce que tous les cosacrifiants promet-
« taient par serment de se défendre l'un l'autre
« et de s'entraîder comme des frères. Cette pro-
« messe de secours et d'appui comprenait tous les
« périls, tous les grands accidents de la vie : il y
« avait assurance mntuelle contre les voies de fait
« et les injures, contre l'incendie et le naufrage, et
« aussi contre les poursuites légales encourues
« pour des crimes et des délits, même avérés. Cha-
« cune de ces associations avait des chefs pris dans
« son sein, un trésor commun alimenté par des

---

(1) A. Thierry, *Considérations sur l'Histoire de France,*
chap. VI, p. 166.

« contributions annuelles et des statuts obliga-
« toires pour tous ses membres : elle formait ainsi
« une société à part au milieu de la nation ou de
« la tribu. La société de la *ghilde* ne se bornait
« pas comme celle du canton germanique, à un
« territoire déterminé, elle était sans limites d'au-
« cun genre, elle se propageait au loin et réunissait
« toute espèce de personnes, depuis le prince et
« le noble , jusqu'au laboureur et à l'artisan
« libre. C'était une sorte de communion païenne
« qui entretenait par de grossiers symboles et par
« la foi du serment, des liens de charité réciproque
« entre les associés, charité exclusive, hostile même
« à l'égard de tous ceux qui restés en dehors de
« l'association, ne pouvaient prendre les titres de
« *convive, conjuré, frère du banquet.* »

Cette coutume, chère aux sectateurs d'Odin,
très répandue parmi les peuples germaniques, pénétra dans les Gaules. Leur conversion au christianisme ne modifia que fort peu la nature de
cette association. La ghilde chrétienne fut floris-
sante chez les Anglo-Saxons, en Danemark, en
Norwège et en Suède. Dans les Gaules, il n'en fut
pas toujours de même. Devenues sous les Méro-
vingiens une source de désordres et un moyen de
rébellion. nous voyons les capitulaires frapper les
ghildes proscrites par Charlemagne et ses successeurs. Ces associations, « affectant le triple caractère de réunion conviviale, de conjuration po-

litique et de société de secours mutuels », résistè-
rent cependant aux prohibitions des Carolingiens,
et conservèrent leur étrange caractère de liberté et
de protection extra-légale. Toutefois, transportée
sur un sol plus doux, au milieu de la population
gallo-romaine plus civilisée, la ghilde scandinave
se modifia peu à peu. Il n'en resta plus que deux
choses : l'association jurée et la protection mu-
tuelle, jointe à une police domestique exercée par
les conjurés entre eux.

La première fois qu'un ghilde fut appelé à mettre son serment à exécution, ce fut dans la révolte
des paysans de Normandie contre les seigneurs et
chevaliers. On sait que le moment de l'insurrection n'arriva pas, et que les conjurés expièrent
dans les supplices les plus affreux cette première
tentative d'affranchissement ; le XIe siècle voyait
ainsi le premier réveil de cet esprit de liberté qui
fomentera un siècle plus tard le grand mouvement communaliste, avant-coureur de la révolution française.

La Gaule septentrionale vit la première paraître
une institution directement issue de ces ghildes
sanglantes, mais inspirée par un sage esprit d'ordre et de liberté : je veux parler de la *Commune
jurée*. Institution de paix au dedans et de lutte
au dehors, la Commune jurée fut pour les villes
du Nord ce que le consulat italien fut pour le Midi
de la Gaule : elle fut le second instrument, la se-

conde forme de la révolution du XIIe siècle. La ghilde, transformée en Commune jurée, prit dès lors un caractère non plus mobile et personnel, mais essentiellement territorial; elle s'arrêta aux murailles de la cité. La première de ces communes jurées, s'il faut en croire A. Thierry, fut fondée à Cambrai, en 1076, contre la domination de l'évêque de Cambrai. Ce mouvement gagna tout le Nord de la France, où se formèrent de nombreuses conjurations, variant quelquefois dans la forme et le titre de leurs constitutions, mais toutes basées sur le même principe de solidarité qui liait la ghilde germanique, et sur un même esprit de lutte contre la domination des seigneurs.

Dans l'histoire de ces révolutions lointaines, il s'est créé comme une légende qui, s'appuyant sur l'adage connu : « Nul ne peut faire ville de commune sans le consentement du roi », attribue à Louis le Gros l'affranchissement des communes. Dans ces Lettres sur l'histoire de France, A. Thierry a fait justice de cette erreur et montré que toute commune jurée fut au début une insurrection heureuse contre un seigneur; que ce seigneur fut un comte, un évêque ou le roi lui-même, la conspiration une fois triomphante lui proposait, les armes à la main, une sorte de marché : le plus souvent le seigneur contraint par la force cédait et consentait à reconnaître dans une charte octroyée aux insurgés, les priviléges et libertés conquis au prix de leur sang. Pour rendre cette charte moins onéreuse au seigneur qui abrégeait ainsi son fief, les conjurés consentaient en général, soit une redevance annuelle, soit une somme une fois payée. Lorsque le roi intervint dans ces querelles, les communes existaient déjà. Il ne s'agissait plus pour le roi suzerain que de sanctionner, en sa qualité de souverain fieffeux, l'abrégement des fiefs consommé par l'octroi des chartes des communes, et de s'interposer entre elles et le seigneur immédiat pour mettre fin à la guerre civile : cette œuvre de simple médiation fut toute la part de Louis le Gros dans l'affranchissement des communes.

Nous devons arrêter ici cette trop longue digression sur les origines de la commune moderne. Bornons-nous, après avoir indiqué le double courant d'où sortit la révolution du XII° siècle, à renvoyer à l'étude si complète de nos origines municipales que nous devons à la plume immortelle d'Augustin Thierry et aux savants travaux récemment publiés par M. Giry sur l'histoire de de la ville de Saint-Omer. Recherchons maintenant quelles furent, dans l'administration des finances municipales, les conséquences de ce grand mouvement d'émancipation des villes.

III.

Ėtat des finances municipales au moyen-âge, — sous la
monarchie. — Situation des communes en 1789.

L'administration des finances des villes depuis
la chûte de l'empire romain avait été réunie avec
les autres attributions civiles aux mains des mêmes
autorités; comtes. ducs, centeniers, dizainiers
réunissaient autrefois tous les pouvoirs. La même
confusion régna pendant tout le moyen-âge, et
ce n'est qu'après la révolution communale du
XII° siècle que les finances municipales furent
confiées, sous la surveillance des baillis (ou séné-
chaux), des vicomtes et des prévôts, aux échevins
et maires dans le nord, aux consuls et jurats dans
le midi. A partir de cette époque, ces magistrats
élus eurent les pouvoirs les plus étendus et dispo-
sèrent librement des finances municipales, sauf à
en rendre compte à leur sortie de charge entre les
mains de leur successeur. Seul le pouvoir royal
exerçait sur eux un contrôle régulier; nous avons
vu, en effet, que la révolution communale du
XII° siècle avait arraché au roi et aux seigneurs
des chartes créant, soit des communes proprement dites, soit des villes dotées de privilèges
royaux, et leur accordant une sorte d'autonomie

administrative. Elles percevaient des recettes et devaient pourvoir à des dépenses. Nous voyons même Saint-Louis leur donner comme une place officielle dans l'Etat en leur demandant, sous forme de dons volontaires, une partie des ressources extraordinaires dont il eut besoin. Il fallut dès lors régulariser cette comptabilité municipale, une ordonnance royale rendue vers 1256 vint y pourvoir.

Elle règle d'abord l'époque et les formes de la nomination des maires, puis elle enjoint aux maires et aux prudhommes qui auront géré la fortune communale de venir une fois l'an à Paris, à l'octave de la Saint-Martin (18 novembre), rendre compte des recettes et des dépenses de la ville aux gens du roi qui sont chargés de ces comptes, « ad « nostros gentes quæ ad compotos nostros depu- « tantur ». Défense aux villes de prêter ou d'emprunter et de faire à qui que ce soit d'autres dons *que du vin en pot ou en baril*, sauf dispense du roi. Défense au maire se rendant à Paris de se faire accompagner par plus de deux bourgeois et de son clerc ou greffier et de faire en route des dépenses extraordinaires. Défense à ceux qui sont chargés dans les villes des dépenses et paiements, ainsi que des emprunts, de conserver entre leurs mains plus de 20 livres, ordre de verser le surplus dans la caisse communale. Telles étaient les principales dispositions de cette ordonnance qui fut exécutée d'abord par une partie des villes et bourgs de la Picardie, du Vexin et de la Normandie. Mais une répugnance grande éclate parmi les communes à rendre aux gens du roi ces comptes de finances. En 1260 les commissaires royaux, Eudes de Lorris, doyen de Saint-Aignan, et Jean de Nemours ne reçurent et vérifièrent les comptes que pour 35 communes. Et celles qui produisaient leurs comptes, poussées par ce même sentiment de méfiance, atténuaient le montant de leurs recettes et grossissaient celui de leurs dépenses.

A partir de 1262, les commissaires spéciaux, chargés par l'ordonnance royale de 1256 d'apurer les comptes des communes, cèdent la place à la juridiction des comptes qui commence à s'établir. On retrouve dans les registres de la Chambre des comptes les détails de cette comptabilité. En 1862, les maires de 41 communes font contrôler leur gestion. Mais vers la fin du règne de Philippe-le-Hardi, l'ordonnance de 1256 semble tomber en désuétude; l'inventaire de la Chambre des comptes, dressé en 1325, ne mentionne plus l'apurement des comptes des « bonnes villes » à partir de 1281.

On sait que la première juridiction financière, celle qui servit de modèle à la Chambre des comptes, fut l'Échiquier de Normandie. Cour féodale des ducs de Normandie, elle eut le jugement des affaires de finances dès avant Guillaume le Con-

quérant et au **XII**° siècle nous voyons cette juridiction entourer du plus sérieux contrôle la gestion des officiers du duc. Quand Philippe Auguste
conquit la Normandie, il conserva l'Échiquier qui
continua à remplir son role et son controle parut
si fécond en bons résultats que, lorsque au début
du XIV° siècle, Philippe le Bel organisa sur des
bases solides l'administration et la comptabilité
des finances royales, il prit modèle sur l'Échiquier
normand.

Mais les rois n'avaient pas attendu le XIV° siècle pour créer un controle des finances. Il faut arriver toutefois en 1256 pour établir l'existence
d'une juridiction de ce genre. L'ordonnance pré-
citée sur l'administration des villes est le premier
monument où l'on trouve mentionnés les *gens des
comptes*. De ce texte unique on a induit que ces
commissaires royaux étaient les membres de la
section judiciaire de l'ancienne cour féodale et ne
formaient pas encore une juridiction et un corps
distincts. « *Députés aux comptes* », ils composaient
une commission spéciale prise dans la Cour du roi,
et qui avait son siège à Paris, au Temple.

Dès le règne de Louis VII, le trésor royal était
placé au Temple.

En 1149 Suger écrit à Saint.Louis : « Nous avons
remis entre les mains des chevaliers du Temple
l'argent que nous avions résolu de vous envoyer. »
(Guizot, *Histoire de la Civilisation...*) Le gardien

des finances royales portait le nom de « trésorier ». Nous n'avons pas à étudier ici les fonctions
du trésorier de France, comme comptable des
deniers royaux. Qu'il nous suffise de donner quelques détails succincts sur le tribunal financier qui
siégeait au Temple et devant lequel les communes
étaient tenues de produire leurs comptes.

Cette juridiction, spécialement chargée de la
matière des comptes, connaissait en outre des affaires qui tout en étant relatives à la perception
des deniers, présentaient de véritables questions
de droit. Les décisions ainsi rendues « per magis-
tros curiæ qui erant in compotis ad Templum »
étaient exécutées comme arrêts émanant de la
Cour du roi. (Pardessus., *Recueil des ordonnances*,
préface du tome XXI). Ces commissaires royaux
avaient en outre le droit de prononcer des amendes, même contre des personnes autres que les
comptables. Ces agents royaux, appelés en 1256
gentes quæ ad compotos deputantur, désignés
plus tard sous le nom de *magistri compotorum*
sont pour la première fois désignés sous le nom
de « *camera compotorum* », dans un mandement
royal du 20 avril 1309. Mais ce n'est que sous
Philippe le Bel, et Philippe le Long que la Chambre des comptes reçut une organisation régulière.
Établie par l'ordonnance du 26 février 1464, *pour
le fait des finances*, elle est qualifiée de « Cour
souveraine, principale, première, seule et singu-

lière, du dernier ressort eu tout le fait de comptes
de finances, l'arche et le repositoire des titres et
enseignements de la couronne et du secret de l'É-
tat, gardienne de la régale, et conservatrice des
droits et domaines du roi ». (1).

La monarchie absolue apporta dans les finances des villes d'utiles réformes. Indépendamment
de ce controle de la Cour des comptes, toutes les
dépenses de la ville durent être délibérées dans
une assemblée de notables pour les villes, ou soumises à l'assemblée générale des habitants pour
les communes rurales. De plus la gestion des officiers municipaux fut encore soumise à un règlement établi par arrêt du conseil, qui fixait les limites dans lesquelles les dépenses de chaque cité
devaient se renfermer : témoin celui de la ville de
Marseille, en date de 1767 qui entre drns les plus
minutieux détails. Le corps municipal dut en outre
soumettre ses délibérations sur les dépenses extraordinaires à l'intendant qui les transmettait

---

(1) Dans le principe, il n'y eut qu'une seule Chambre
des Comptes, à Paris. Dés le XVIe siècle il y en eût plusieurs, dont l'existence se rattachait à la division en pays
d'état et pays d'élection. Ces Chambres des Comptes, indépendantes de celle de Paris, étaient souveraines comme
elle. On en comptait dix en 1789. L'Assemblée constituante
les supprima (Loi du 17-21 septembre 1791) et les remplaça
par un bureau de comptabilité pris dans le sein même de
l'Assemblée. Il fut remplacé bientôt par une commission
de comptabilité publique prise en dehors de la représentation nationale.

avec son avis au controleur général des finances, pour être sur le rapport de ce ministre, autorisées par le roi. (Edit d'août 1764.)

Les dépenses ainsi fixées ne pouvaient être augmentées, ni la destination des ressources changée, qu'aux risques et péril des officiers municipaux qui en demeuraient personnellement responsables. En cas de contravention ils étaient condamnés à restituer au receveur l'excédant de la dépense autorisée, avec les intérêts à dater du jour où les derniers de cet excédant étaient sortis de la caisse municipale. (Edit de 1764.)

Colbert avait soumis la comptabilité des communes à des règles qui auraient pu empêcher, si on les eût suivies, les désastres dont nous allons parler bientôt. L'Édit d'avril 1683 crée le premier état de finances, appelé plus tard état au vrai, et que nous appelons aujourd'hui budget. L'article premier de cet édit porte en substance que « les maires et échevins, consuls et, autre personnes, ayant l'administration des droits, biens et revenus des villes et gros bourgs fermés, seront tenus de remettre dans le délai de trois mois aux intendants, l'état de leurs revenus avec les baux des dix dernières années, les comptes qui en ont été rendus, et les piéces justificatives qui les accompagnent. Sur la présentations de ces actes il sera dressé par les intendants un état des dépenses ordinaires des communautés, avec l'indication d'un fond certain, fixe et annuel, pour l'entretien et les réparations des ponts, du pavé, des murailles, et pour les autres dépenses municipales, à la charge d'en rendre compte à la manière accoutumée. »

Le même édit ordonnait que ces états financiers seraient arrêtés par les intendants, jusqu'à 4,000 livres pour les villes où il existait une cour souveraine : jusqu'à 2000 livres pour les villes qui n'étaient dotées que de tribunaux inférieurs ; 1000 livres pour les petites villes et 300 livres pour les gros bourgs fermés. Au delà de ces limites, les états devaient être envoyés par le premier magistrat de la généralité, avec son avis, au Conseil du Roi, pour y être pourvu comme il appartiendrait.

Il fallait donc l'autorisation du roi pour qu'un bourg fermé dépensât plus de 300 livres par an. De plus, les lois défendaient expressément aux corps municipaux d'excéder ou de divertir à d'autres usages, pour quelque cause et occasion que ce fut, les allocations régulièrement fixées, à peine de radiation et de responsabilité personnelle : or, cette responsabilité n'était pas une vaine menace, car la clémence du roi nous apparaît dans le préambule de l'édit précité « abolissant et retranchant les saisies et contraintes qui se faisaient contre les maires et échevins des villes et communautés qui avaient contracté lesdites dettes, ensemble les recours de garantie et les emprisonnementr desdits officiers et habitants des villes, les uns contre les autres, en tous lieux où ils pouvaient être trouvés. »

Les deniers municipaux, enfermés dans une caisse à trois clefs, étaient confiés à la surveillance d'un des officiers municipaux, d'un des notables, enfin du receveur municipal, gardiens chacun d'une clef. Cette caisse contenait aussi les deniers de l'octroi. Si un excédant restait en caisse, les notables en proposaient l'emploi et le roi prononçait sur avis de l'intendant.

Le receveur municipal payait sur mandement du maire, ou d'un échevin au moins et du secrétaire-greffier, et, en cas d'absence du maire, de deux échevins et du secrétaire. Dans les endroits où il n'existait pas de maire, les échevins ou les conseillers de ville, ou les syndics remplissaient les fonctions d'ordonnateur. Ces mandements devaient être enregistrés avant toute exécution ; ils étaient inscrits en outre sur un registre coté et paraphé par un officier municipal ; ce registre devait porter jour par jour et sans aucun blanc, tous les articles de recettes et dépenses effectués pendant le dernier mois ; le compte général de l'année devait être rendu dans le courant du mois de mars. Une amende sanctionnait cette obligation, et la contrainte par corps pouvait être prononcée contre le comptable par ordonnance du juge du lieu, rendue à la requête des officiers municipaux, et qui recevait exécution provisoire nonobstant appel. (Edit d'août 1764, art. 22, 24.)

Le compte, examiné et vérifié par l'assemblée des notables et du corps de ville réunis, était porté au baillage (ou sénéchaussée), dont les juges, sur le vu des pièces justificatives et les conclusions du roi, arrêtaient les Etats sans droits ni frais. Le procureur du roi pouvait renvoyer devant le Parlement les articles du compte susceptibles de rejet. Dans tous les cas, l'intendant devait envoyer au contrôleur général des finances l'extrait du compte de chaque ville, pour tenir la royauté au courant de la situation des finances municipales.

Ajoutons que le receveur municipal fournissait une caution, réglée par l'assemblée qui avait pourvu à sa nomination. Quant à son traitement, c'était le roi qui fixait la remise proposée pour lui en tenir lieu, d'après une délibération de l'assemblée des notables et sur l'avis donné par l'intendant au contrôleur général des finances. (Edit de mai 1765).

Jusqu'en 1765 chaque grande ville fut soumise pour la reddition de ses comptes à des règlements locaux particuliers. Les petites villes nommaient chaque année un certain nombre d'auditeurs qui examinaient et vérifiaient les comptes municipaux. Ils ne pouvaient être eux-mêmes comptables, ni créanciers, ni débiteurs de la communauté, ni parents ou alliés de ces derniers.

Toute cette organisation financière fut l'œuvre de Colbert. Le grand ministre avait été touché de l'état désastreux des finances des villes; il avait vu les produits de leurs impôts, grâce au système des anticipations, absorbé plusieurs années d'avance, et l'accroissement des dettes municipales lui avait fait pressentir une effroyable banqueroute. Aussi résolut-il de couper court à ces abus en confiant à l'Etat lui-même la responsabilité des villes, par l'entremise de la Cour des comptes. Nous avons indiqué les origines de cette institution; voyons maintenant comment elle sut remplir la mission qui lui était confiée, et jetons un coup d'œil sur l'état des finances municipales, au moment où la Révolution de 1789 va commencer l'écrasante liquidation de la monarchie.

Tout d'abord à côté des règles si sages que son puissant génie économique avait inspirées à Colbert, signalons les agissements financiers inqualifiables du pouvoir royal, dont le contre-coup fut si violent sur les finances des villes, qu'il suffit à paralyser les habiles règlements du grand ministre et creusa plus profond chaque jour le déficit des bugets municipaux.

Depuis Henri IV jusque vers le milieu du règne de Louis XIV, le régime municipal avait conservé intacts sa constitution et ses privilèges; le principe fondamental de la liberté assuré par l'élection des magistrats avait été respecté. Louis XIII avait bien créé à titre d'offices royaux, des greffiers héréditaires dans toutes les villes et communautés du midi, et un édit de juin 1835 avait institué des procureurs de ville héréditaires dans les municipalités du ressort du Parlement de Paris ; mais c'était « pour remettre le bon ordre dans les dites communautés, empêcher la dissipation de leurs deniers communs, patrimoniaux et d'octroi, et arrêter le cours des abus (1). »

Telles étaient les vues de protection et de surveillance étroite qui avaient dicté à Louis XIII son édit de 1635 ; ce furent aussi celles dont se para Louis XIV pour faire, par l'édit de juillet 1690, un véritable coup d'État fiscal plutôt que politique. La guerre d'Allemagne demandait des fonds considérables ; à bout d'expédients financiers, n'osant plus créer d'offices vénaux, Louis XIV eut cette inspiration de confisquer aux municipalités le droit d'élire leurs magistrats. Toutes les charges urbaines et emplois à la nomination des villes furent érigés en offices héréditaires et vendus le plus cher possible aux particuliers, ou aux villes elles-mêmes. Car les villes avaient un moyen de repousser ces maires perpétuels, capitouls, jurats, échevins, consuls, et syndics imposés par le roi : c'était de racheter à beaux deniers comptants le droit d'élire leurs magistrats ; ces offices étaient

____

(1) Édit de 1635.

3..

alors, selon l'expression du temps, « *réunis* au corps de ville. »

Dans cette audacieuse confiscation des libertés municipales, Louis XIV avait compté sur l'impuissance politique où ce régime était tombé ; son calcul ne fut pas trompé. Après s'être lamentées hautement, les villes se firent un point d'honneur de racheter leurs privilèges, et le roi les encouragea lui-même à se porter adjudicataires des offices nouveaux. D'autres villes ne voulurent ou ne purent les racheter. Il en résulta ce spectacle étrange de municipalités où tel office était perpétuel et aux mains d'un officier royal, tel autre aux mains de la ville, qui le faisait exercer sous le nom d'un acquéreur fictif, à la mort duquel il lui fallait payer un droit de mutation.

Les désordres qui naquirent de l'édit de 1690, forcèrent le Régent, en juin 1716, à rendre aux municipalités la plénitude des droit que leur avait enlevé le roi défunt. L'édit du Régent supprimait tous les offices créés en 1690, réunis ou non, remboursés ou non par les villes. Elles purent croire un instant à une restauration complète du régime municipal, et au respect désormais assuré de leurs privilèges.

Cet espoir fut de courte durée. Six ans ne s'étaient pas écoulés qu'une crise formidable éclata pour le Trésor royal. L'édit de 1732 fut rendu, et le financier Bouret fut nommé directeur de la création des offices pour tout le royaume. Écoutons les motifs donnés par le Régent :

« La nécessité de pourvoir au paiement exact
« des arrérages et au remboursement des capitaux
« des dettes de l'État, nous a obligés à chercher
« les moyens les plus convenables pour y parve-
« nir ; et il ne nous a point paru d'expédient plus
« sûr et moins onéreux à nos peuples que le réta-
« blissement des différents offices supprimés de-
« puis notre avènement à la couronne. » (Edit
d'août 1722.) L'édit du Régent, plus franc que celui de 1690, ne se couvrait pas d'un prétendu intérêt de bonne administration des finances locales. Il présentait simplement cette confiscation
des libertés communales comme un expédient financier. L'expérience faite sous Louis XIV avait
montré que les villes rançonnées payaient sans se
plaindre ; dès lors ce fut un moyen de battre mon-
nnaie : on n'altérait plus la monnaie, comme au
XIVe siècle ; mais la spéculation faite sur les
charges municipales ne fut ni moins scandaleuse
ni moins lucrative. « Ce fut un jeu pour le Gouvernement de vendre, de retirer, et de vendre encore les titres de maires, de lieutenants de maires,
assesseurs, échevins, capitouls, jurats, syndics
perpétuels et de pressurer les villes par la menace
renouvelée d'une intrusion d'officiers héréditaires.
De 1722 à 1789 il n'y eut pas pour le régime municipal seize ans de liberté sans rançon. » Les

offices rétablis en 1722 furent supprimés par l'édit de juillet 1724, rétablis de nouveau par l'édit de novembre 1733; puis supprimés encore par l'édit d'août 1764.

En 1764 un nouveau système parut. Le roi choisit les officiers municipaux, sur trois candidats présentés pur les villes : et leurs comptes de gestion au lieu d'aller aux chambres des comptes où ils étaient examinés publiquement furent remis tout simplement aux intendants et aux parlements. Les municipalités n'avaient plus de garantie contre les abus : mais en même temps parut un règlement pour fixer à l'avenir les us et coutumes de la comptabilité : Choiseul était l'auteur de ce nouveau système. L'édit de novembre 1771 supprima cette organisation. Ce fut l'abbé Terray qui dans son passage au ministère, abandonnant les vues politiques de Choiseul, fit rentrer les municipalités sous le régime des offices, maintenu, cette fois, jusqu'à la Révolution.

Les offices se rachetaient tantot aux frais des villes, individuellement, tantôt par province. Avant l'édit de 1771 les États de Provence avaient payé déjà 12,500,000 livres pour maintenir le droit d'élection dans les villes et bourgs. Après cet édit, les États du Languedoc rachetèrent pour 2,500,000 livres d'offices nouveaux. La ville de Perpignan, au nom des municipalités du Roussillon paya 2,500,000 livres. « Pourquoi ces efforts si souvent

multipliés, pourquoi cet épuisement de nos forces, si nous n'avions cru être vertueux en arra-
chant du naufrage de notre patrimoine ce droit
d'élection inaliénable et imprescriptible, droit que
nous avons conservé aux dépens de nos fortu-
nes (1) ? » Ainsi parlaient les conseillers au Parlement de Provence, dans leurs remontrances au
Roi. Tout en constatant que le régime municipal
n'est plus à cette époque pour les villes qu'un objet d'orgueil et d'attachement par les souvenirs,
nous ne pouvons que rendre hommage, avec
A. Thierry, à la constance qu'elles montrèrent « à
s'épuiser d'argent pour le rachat d'un dernier
reste de liberté qui ne rapportait plus aucun avantage de bien-être ni d'ordre public, » et saluer,
dans les plaintes adressées en leur nom au pouvoir qui les rançonnait, « un sentiment de la sain-
teté des droits civiques hautement et fièrement
exprimé. »

On se rend compte sans peine de ce que devait
être l'administration de ces officiers royaux imposés par le Roi aux municipalités. Elle se bornait
à des attributions financières, car la police restait
presque entière aux mains des intendants. Même
en matière de finances, l'action de l'agent du pouvoir royal était encore prépondérante: à lui seul

____

(1) Remontrances du Parlement de Provence, en 1774,
Raynouard, *Histoire du droit municipal.*

revenait la surveillance des officiers municipaux,
sans que les premiers intéressés, c'est-à-dire les
citoyens, pussent apporter à la gestion de leurs
affaires d'autre soin que des remontrances aussi
peu écoutées que bien fondées. Nous allons voir
en effet en quoi consistait le controle des intendants et par quels moyens les corps de ville ache-
taient l'impunité. Comme les pays d'États, les
villes faisaient des dons d'argent aux autorités.
En 1779 nous voyons figurer au budget de Marseille 2400 livres au secrétaire d'État qui avait la
ville dans son département ministériel; 1200 livres à son premier commis ; 1800 livres au gouverneur ; 700 livres à son secrétaire, puis 400 livres
pour son logement; 1800 au lieutenant-général, plus
400 pour son logement ; 700 livres à son secrétaire;
1800 livres à M. l'Intendant ; 600 livres à son secrétaire ; 144 livres au secrétaire du cabinet (1).
Le moyen d'accuser de prévarication des maires
et échevins qui couvraient ainsi de gratifications,
aux frais de leurs villes, les mêmes fonctionnaires
chargés de contrôler leur gestion ?

Aussi, forts de cet appui, les corps de ville pri-
rent l'habitude de disposer comme bon leur semblait des finances locales; souvent de les endetter,
et toujours de les charger d'octrois écrasants que
le gouvernement approuvait les yeux fermés, à

____

(1) Paul Boiteau, *Etat de la France en 1789.*

condition d'en toucher sa part. Les suites de cette mauvaise administration ne devraient pas tarder à mener les municipalités à une banqueroute complète. Déjà, sous Colbert, qui pressentait ce désastre et tacha de le conjurer, nous voyons la ville de Beaune, avec un revenu de 16,500 livres, grevée d'une dette de 559, 494 livres. La petite ville d'Arnay-le-Duc devait 317, 087 livres 11 sous. En 1764 le Havre devait 622, 655 livres. Le déficit apparaît bien plus énorme encore si nous ouvrons le budget des grandes villes comme Lyon et Marseille. « Les recettes ordinaires de Lyon en 1778 montaient à 2,118,142 livres, mais elle était chargée d'une dette de 29,175,940 livres, en capital et 268,624 livres, en rentes viagères. Les intérêts à servir montaient à 2,411,030 livres; ce qui donnait immédiatement un déficit de 292,887 livres. Pas un sou ne pouvait être consacré aux dépenses d'entretien, de police, d'administration, sans un emprunt nouveau. » Et lorsque le gouvernement s'émeut de ces désordres et convoque trente-cinq notables de la ville pour décider sur le cas, il se trouve 6 voix pour blâmer la gestion du corps de ville, 22 pour l'approuver absolument, et 7 voix pour dire qu'on pouvait mieux faire à la rigueur.

Non content d'approuver servilement leurs dilapidations, les villes étaient forcées de payer ces officiers municipaux qui n'étaient en somme que

de simples commis, mais des commis infidèles. A
Paris, jusqu'en 1783, les échevins avaient joui ensemble de 180,000 livres d'appointements et le
prévôt avait son train de maison défrayé par la
ville. A Angers, le corps de ville, entre autres privilèges, était exempt des octrois qu'il imposait
aux citoyens. On le voit, la situation des communes était fort compromise; leurs intérêts, confiés à des municipalités aussi peu scrupuleuses,
ne pouvaient que péricliter. Aussi lorsque le ministre Brienne accusait un déficit national de
plus de 75,000,000 de livres, les villes, de leur
côté, pliaient sous le fardeau d'une dette toujours
croissante.

Tel est l'écrasant héritage que la monarchie
expirante légua aux hommes de 89. Nous n'avons
pas à faire ici l'histoire de cette désastreuse
époque et de la banqueroute nationale. Prenant
notre organisation communale, telle que nous la
devons à la Constituante et aux divers régimes
qui l'ont suivie, nous nous bornerons à étudier le
budget de la commune moderne, les règles qui président à sa formation et à la comptabilité communale. Puis, dans cette longue énumération de
recettes, dont nous donnerons simplement un tableau, nous porterons notre étude sur la plus
considérable et la plus discutée des ressources
locales; j'ai nommé les octrois. Après avoir posé
les règles administratives qui dominent la ma-

tière, nous jetterons un coup d'œil rapide sur la législation des divers pays de l'Europe, relative aux taxes d'octrois, ei sur quelques-uns des systèmes proposés pour arriver à leur suppression.

CHAPITRE PREMIER.

BUDGET MUNICIPAL.

Tableau des recettes et dépenses de la commune moderne. — Formation du budget. — Approbation du budget. — Exécution du budget. — Comptabilité des communes.

Le décret du 31 mai 1862 définit le budget, l'acte par lequel sont prévues et autorisées les recettes et dépenses de l'État ou des autres services que les lois assujettissent aux mêmes règles. Cette définition est applicable au budget des communes, qui n'est autres chose que l'acte dans lequel les ressources financières de la commune sont évaluées et où sont prévues les dépenses qui lui imcombent. Le budget communal, comme celui de l'État, a un exercice qui court du 1er janvier au 31 décembre. Un délai qui se termine au 31 mars de l'année suivante, est accordé pour compléter les opérations du budget : c'est à ce moment que l'exercice est clos définitivement. Ceci revient à dire que jusqu'au 15 mars on peut mandater les dépenses faites, qui peuvent être payées jusqu'au 31 du même mois ; et qu'après le 31 décembre, aucune dépense ne peut plus être faite qui soit comprise dans l'exercice.

Le budget municipal se compose d'un tableau dressé conformément à l'instruction générale et qui comprend les recettes et dépenses prévues au moment de sa confection ; un second tableau, nommé budget supplémentaire, ou chapitres additionnels, contient les modifications inévitables, apportées, au cours de l'exercice, dans les prévisions du budget. De plus, afin d'assurer sans lacune la bonne exécution des services municipaux, l'article 34 de la loi du 18 juillet 1837 permet que des dépenses ou des recettes soient autorisées en vertu de décisions spéciales et rattachées aux deux budgets précités. Les opérations de la comptabilité communale sont ainsi permanentes et aucun retard ne peut laisser les intérêts locaux en souffrance.

Le budget communal se divise en deux parties, l'une relative aux dépenses, l'autre aux recettes : chacune de ces parties se subdivise encore en budget ordinaire et extraordinaire. Sans entrer dans des détails fastidieux sur ces divers éléments du budget des communes, nous nous bornerons à reproduire en un simple tableau les dispositions des articles 30, 31, 32 de la loi du 18 juillet 1837 et les instructions du ministre de l'intérieur en date du 13 décembre 1842, 7 août 1846 et 5 mai 1852, qui reproduisent et commentent les décisions contenues aux articles 434 et 546 du décret du 31 mai 1862. (Chapitre XXII, comptabilité des communes.)

La loi exige que les recettes ordinaires soient portées au budget dans un chapitre séparé des recettes extraordinaires. Ces dernières en effet sont des ressources accidentelles, qui sont le résultat de faits imprévus, ou de besoins qui ne se produisent dans la commune qu'à de certains intervalles, tels que les impositions ayant pour objet, par exmple, la reconstruction de quelque édifice communal. Il importe donc, si on veut se faire une idée exacte de la situation financière d'une commune par son budget, d'établir une distinction bien nette entre ces ressources extraordinaires et celles qui se reproduisent normalement chaque année.

Toutefois, ces recettes ainsi distinguées, doivent être placées de façon à correspondre aux dépenses auxquelles elles sont affectées : c'est ce qui explique que, par exemple, telles impositions extraordinaires, créées pour subvenir, en cas d'insuffisance des revenus ordinaires, à certaines dépenses obligatoires, figurent au chapitre Ier du budget parmi les dépenses ordinaires, au lieu de tenir leur place dans le chapitre II.

La loi a voulu que la recette fut en regard de la dépense ordinaire pour laquelle on l'a créée.

Dressons maintenant le tableau d'ensemble des

recettes et dépenses, composant le budget ordinaire et extraordinaire de la commune.

RECETTES ORDINAIRES.

1° Revenus de tous les biens dont les habitants n'ont pas la jouissance en nature (prix de ferme des maisons, usines, biens ruraux, etc. ; rentes sur particuliers, rentes sur l'État, coupes ordinaires des bois et produit accessoire de ces coupes) ;

2° Cotisations imposées annuellement sur les ayants-droit aux frais qui se perçoivent en nature ;

3° Produit des centimes ordinaires et autres ressources affectées aux communes par les lois de finances ; (centimes communaux ordinaires ; centimes pour l'instruction primaire, impositions, prestations, subventions, souscriptions volontaires et indemnités pour l'établissement, l'entretien et la réparation des chemins vicinaux) ;

4° Produit de la portion accordée aux communes dans l'impôt des patentes ;

5° Produit de la portion revenant aux communes dans les droits des permis de chasse ;

6° Produit des octrois municipaux ;

7° Produit des droits de place perçus dans les halles, foires, marchés, abattoirs, d'après les tarifs dûment autorisés ;

8° Produit des permis de stationnement et des locations, sur la voie publique ; sur les ports et rivières et autres lieux publics ;

9° Produits des péages communaux ; des droits de mesurage et de jaugeage, des droits de voirie et autres droits légalement établis ;

10° Prix des concessions dans les cimetières ;

11° Produit des concessions d'eau, de l'enlèvement des boues et immondices

DÉPENSES ORDINAIRES.

1° L'entretien, s'il y a lieu, de l'hôtel de ville ou du local affecté à la mairie ;

2° Les frais de bureau et d'imprimés pour le service des communes ;

3° L'abonnement au *Bulletin des Lois* ou au *Bulletin des communes* ; (Déc. du 27 décembre 1871).

4° Les frais de recensement de la population ;

5° Les frais des registres de l'état civil, et de la portion des tables décennales à la charge des communes ;

6° Le traitement du receveur municipal, du préposé en chef de l'octroi, et les frais de perception ;

7° Le traitement des gardes des bois de la commune et des gardes-champêtres ;

8° Le traitement et les frais de bureau des commissaires de police, tels qu'ils sont déterminés par les lois et décrets ;

9° Les pensions des employés municipaux et des commissaires de police régulièrement liquidées et approuvées ;

10° Le frais de loyer et de réparation du local de la justice de paix, ainsi que ceux d'achat et d'entretien de son mobilier, dans les communes chef-lieu de canton ;

11° Les dépenses relatives à l'instruction publique, conformément aux lois ;

12° L'indemnité aux curés et desservants et autres ministres des cultes salariés par l'État, lorsqu'il n'existe pas de bâtiment affecté à leur logement ;

13° Les secours aux fabriques des églises et autres administrations préposées aux cultes dont les ministres sont salariés par l'État, en cas d'insuffisance

de la vioe publique et autres concessions autorisées par les services municipaux ;

12° Produit des expéditions des actes administratifs et des actes de l'état civil ;

13° Portion que les lois accordent aux communes dans le produit des amendes prononcées par les tribunaux de simple police et par ceux de police correctionnelle ;

14° Intérêts des fonds placés au trésor public ;

15° Portion des droits à percevoir dans les écoles préparatoires à l'enseignement des sciences et des lettres, et dans les écoles préparatoires de médecine et de pharmacie ;

16° Bénéfice résultant de l'administration des collèges ;

17° Ressources affectées au traitement des instituteurs et institutrices primaires ;

18° Indemnité pour enrôlement volontaire ;

19° Produit de la taxe municipale sur les chiens ;

20° Produit du 20° de la contribution établie sur les chevaux et voitures par la loi du 23 juillet 1872 ;

21° Produit de toutes les taxe de ville et de police, dont la perception est autorisée par la loi (art. 31 de la loi du 18 juillet 1837).

RECETTES EXTRAORDINAIRES.

1° Contributions extraordinaires dûment autorisées ;

2° Prix des biens aliénés ;

3° Dons et legs ;

4° Remboursement des capitaux exigibles et des rentes rachetées ;

5° Produit des coupes extraordinaires de bois ;

6° Produit des emprunts ;

7° Prix de vente des inscriptions de rente sur l'État ;

8° Secours accordés par l'État ou par

de leurs revenus, justifiée par leurs budgets et leurs comptes appuyés de pièces ;

14° Le contingent assigné à la commune conformément à la déclaration du Conseil général dans la dépense des enfants assistés et des aliénés ;

15° Les grosses réparations aux édifices communaux, sauf l'exécution des lois spéciales concernant les bâtiments militaires et les édifices consacrés au culte ;

16° La clôture des cimetières, leur entretien et leur translation dans les cas déterminés par les lois et réglements d'administration publique ;

17° Les frais du plan d'alignement ;

18° Les frais et dépenses des conseils des prud'hommes, pour les communes où ils siègent, les menus frais des Chambres consultatives, des arts et manufactures, ainsi que des sociétés de de secours mutuel ;

19° Les contributions et prélèvements établis par les lois sur les biens et revenus communaux ;

20° Les secours et pensions accordés aux sapeurs-pompiers, à leurs veuves et à leurs orphelins ;

21° La part contributive de la commune dans la dépense des travaux de défense contre les inondations ;

22° Les frais de tenue des assemblées électorales et d'impression des cartes d'électeurs ;

23° L'acquittement des dettes exigibles ;

DÉPENSES EXTRAORDINAIRES.

Grosses réparations obligées ;

Acquisition d'édifices publics, ou de

les administrations locales, pour réparation aux édifices communaux et autres dépenses;

9° Toutes autres recettes accidentelles; (loi du 18 juillet 1837, art. 32).

meubles utiles; pompe, cloche, etc.

Solde des dépenses qui n'auraient pas pu être payées sur le budget précédent.

II.

FORMATION DU BUDGET COMMUNAL.

Chaque année, dans sa session de mai, le Conseil municipal a une double tâche à remplir ; former le budget normal de l'exercice suivant, et dresser le budget supplémentaire de l'exercice clos. C'est au maire qu'incombe le soin de fournir au Conseil les éléments de ce double travail.

Dans ce but, le maire produit un compte administratif comprenant toutes les recettes effectuées et toutes les dépenses faites pendant l'exercice expiré, c'est-à-dire depuis le 1ᵉʳ janvier jusqu'au 31 mars. Nous avons vu en effet que, s'il est vrai que l'exercice ne court que du 1ᵉʳ janvier au 31 décembre, un délai, jusqu'au 31 mars est accordé pour en compléter les opérations. Rappelons toutefois que toute dépense pour compter à l'exercice doit être faite avant le 31 décembre, mandatée avant le 15 mars, et payée avant le 31 mars. Quand une dépense n'aura pas été faite au 31 décembre les crédits ou portions de crédit y affectés, ne peuvent être dépensés après cette époque et doivent être ou annulés ou reportés au budget supplémentaire.

Un deuxième document fourni au Conseil municipal par le maire, consiste en un état de situation dressé par le receveur municipal. Il est divisé en deux parties, l'une comprenant les recettes et dépenses du 1er janvier au 31 décembre ; l'autre comprenant les recettes et dépenses des trois mois complémentaires, pour l'exercice expiré. Cet état de situation doit concorder avec le compte administratif fourni par le maire, et il en ressort une balance qui fait ressortir l'exédant des recettes ou des dépenses de l'exercice (1).

Pour servir à la confection du budget supplémentaire le receveur municipal fournit de plus deux états : l'un constatant les recettes qui restent à recouvrer pour l'exercice expiré; l'autré les dépenses qui restent à solder : Ce sont là les éléments du budget supplémentaire. L'excédant en recettes ou dépenses, constaté par le compte administratif du maire et l'état de situation du receveur est inscrit par le Conseil municipal au 1er article de recette ou de dépense du budget suivant.

Si quelque recette n'a pas été prévue lors de la formation du budget primitif, elle est portée au

---

(1) Décret du 27 janvier 1866. — Inst. du Ministre des finances, 30 janvier 1866.

budget supplémentaire au Chapitre II parmi les recettes extraordinaires.

Lorsque le compte administratif du maire constate l'existence d'un excédant en recettes, le Conseil municipal peut inscrire au budget supplémentaire des dépenses nouvelles, dans les limites du crédit disponible.

Il peut arriver au contraire qu'au lieu de révéler un excédant dans les recettes, le compte administratif du maire constate un déficit. Dans ce cas, il appartient au conseil municipal de faire face à ces besoins imprévus, par telle mesure qu'il lui paraîtra bon.

III.

APPROBATION DU BUDGET.

Le budget, proposé par le maire une fois voté par le Conseil municipal, est définitivement réglé par le préfet (1). Seuls, les budgets des villes et établissements de bienfaisance ayant trois millions de revenus sont soumis à l'approbation du Président de la République, sur la proposition du ministre de l'intérieur (2).

---

(1) Décret du 31 mai 1862, art. 490.
(2) Loi du 24 juillet 1867, art. 15.

4..

Signalons toutefois un cas où, par exception à
la règle générale, le budget des villes est réglé définitivement non par le préfet, mais par un décret.
Il faut pour cela trois conditions : que le revenu
de la ville s'élève au moins à 100,000 francs : que le
budget dont il s'agit, soit grevé de contributions
extraordinaires ; enfin, conformément à l'art. 7 de
la loi du 27 juillet 1867, que ces centimes additionnels dépassent le maximum fixé par le Conseil général. Or, une commune est réputée
avoir 100,000 francs de revenus, lorsque, dans
les trois derniers exercices, les recettes ordinaires
constatées dans les comptes ont atteint ce
chiffre,

Il faut donc un décret pour autoriser toute
imposition extraordinaire dépassant le maximum
fixé par le Conseil général, comme aussi pour autoriser tout emprunt remboursable par annuités
dans un délai excédant douze années. Ce décret
est rendu en Conseil d'État, s'il s'agit d'une ville
ayant un revenu supérieur à 100,000 francs. Une
loi est même nécessaire si la somme empruntée
dépasse un million, ou si, réunie à d'autres emprunts non remboursés, elle dépasse un million.

Dans le cas où le budget d'une commune n'aurait pas été approuvé avant le commencement de
l'exercice les recettes et dépenses ordinaires continueraient à être faites jusqu'à l'approbation de

ce budget, conformément à celui de l'année précédente (1).

Dans le cas où un maire négligerait de soumettre au Conseil municipal le budget de la commune, le préfet, après l'en avoir requis, pourrait y suppléer par lui-même ou par un délégué spécial (2).

Le préfet peut rejeter ou réduire les dépenses proposées au budget par le Conseil municipal. Mais ses pouvoirs ne vont pas jusqu'à les augmenter ou en introduire de nouvelles, sauf le cas où une dépense obligatoire aurait été omise. En effet, dans le cas où un Conseil municipal refuserait d'allouer les fonds nécessaires à une dépense obligatoire. ou n'allouerait qu'une somme insuffisante, l'allocation nécessaire serait inscrite au budget, selon le cas par un arrêté du préfet, pris en Conseil de préfecture ou par décret, le Conseil municipal ayant d'abord été appelé à en délibérer. Comment l'arrêté du préfet ou le décret fixera-t-il la somme à allouer ? La dépense est-elle annuelle et variable, on inscrira au budget sa quotité moyenne pendant les trois dernières années, est-elle annuelle et fixe, s'agit-il d'une dépense extraordinaire, on l'inscrira pour sa quotité réelle.

---

(1) Loi du 18 juillet 1837, art. 35. — Décret du 31 mai 1862, art. 492.

(2) Loi du 18 juillet 1837, art. 15.

Il peut arriver aussi que les ressources d'une commune soient insuffisantes pour subvenir aux dépenses obligatoires inscrites d'office. Dans ce cas, l'administration communale doit y pourvoir. En cas de refus de sa part, une contribution extraordinaire y pourvoiera, qui sera établie soit par décret dans les limites du maximum fixé annuellement par la loi de finances, soit par une loi, si la contribution dépasse le maximum (1).

Signalons en terminant un privilège accordé aux communes par la loi du 27 juillet 1867, article 2 : « Lorsque le budget communal pourvoit à toutes les dépenses obligatoires, et qu'il n'applique aucune recette extraordinaire aux dépenses soit obligatoires, soit facultatives, les allocations portées au budget par le Conseil municipal pour les dépenses facultatives ne peuvent être ni changées, ni modifiées par l'arrêté du préfet ou par le décret qui règle le budget. » Cela revient à dire que les Conseils municipaux, dans le cas prévu par notre article, disposent souverainement des excédants de leurs recettes ordinaires sur leurs dépenses obligatoires. « On ne peut que faire des vœux, disait M. Bonjean dans son rapport, pour que beaucoup de communes soient en situation de profiter de la liberté qui leur est accordée. »

---

(1) Décret du 31 mai 1862, art. 497. — Loi du 18 juillet 1837, art. 39. — Loi du 27 juillet 1867.

IV.

EXÉCUTION DU BUDGET.

Nous avons vu le budget proposé par le maire, voté par le conseil municipal, et arrêté définitivement soit par le préfet, soit par décret : il nous reste à suivre l'exécution de ce budget. C'est par le maire et le receveur municipal qu'elle est assurée ; mais les attributions de ces deux fonctionnaires doivent être distinguées avec soin.

Le receveur est l'agent spécial de la recette sur laquelle le maire ne peut exercer qu'un droit de surveillance. Le maire au contraire est l'agent légal de la dépense, que le receveur contrôle dans la mesure nécessaire pour sauvegarder sa responsabilité.

Étudions séparément le mode d'action de ces deux agents administratifs.

Attributions du maire. — Le principe fondamental qui a inspiré les règles administratives qui nous occupent est que l'ordonnateur de la dépense doit toujours être distinct de celui qui effectue le paiement. Aussi nous allons voir établie une distinction bien nette la « *liquidation* » des dettes de la commune, et l'*ordonnancement* des dépenses d'une part, et de l'autre la libération de cette dette par le « *paiement.* »

Lorsqu'un créancier a acquis son droit sur une commune, soit par la réalisation d'un service, soit par une livraison, et qu'il veut se faire payer, il fait constater et vérifier les services accomplis tant sous le rapport des qualités et des quantités que relativement à l'application des tarifs convenus. L'ensemble des opérations nécessaires pour établir le montant exact de la dette contractée par l'ordonnateur et la réunion des pièces justificatives, constitue ce que l'on appelle la *liquidation.*

La dette, une fois justifiée et liquidée, le maire remplit sa seconde mission : il *ordonnance* la dépense. Les mandats délivrés par le maire énoncent le nom de l'ayant droit, la nature de la dépense et le motif du paiement, la somme à payer, l'exercice et le crédit du budget sur lequel la dépense est imputée (1).

Ces mandats doivent être appuyés des pièces justificatives prescrites par les règlements et dont le tableau est donné dans l'instruction générale du 20 juin 1859, article 1542 et 1543. Tout paiement qui serait effectué sans l'accomplissement de ces formalités resterait à la charge du comptable (2).

---

(1) Ord. du 31 mai 1838, art. 447. — Décret du 31 mai 1862, art. 503.

(2) Loi du 11 frimaire an VII ; — Décret du 27 février 1811 ; — Ord. du 23 avril 1823.

Dans le cas où le maire ou l'adjoint qui le remplace refuserait d'ordonnancer une dépense régulièrement autorisée et liquidée, il en serait référé au préfet. Un arrêté pris en conseil de préfecture tiendrait lieu du mandat du maire.

Attributions du receveur. — Le receveur municipal est chargé, sous sa responsabilité personnelle de la recette des deniers communaux et du recouvrement des legs et donations et autres ressources affectées au service communal; de faire, contre les débiteurs retardataires, à la requête de la commune, les exploits, significations, poursuites et commandements nécessaires; d'avertir le maire de l'échéance des baux, d'empêcher les prescriptions, de veiller à la conservation du domaine, droits, privilèges et hypothèques de la commune; de requérir à cet effet au bureau des hypothèques l'inscription de tous les titres qui en sont susceptibles, et de tenir registre desdites inscriptions et autres poursuites et diligences (1). A cet effet le décret de 1862 l'autorise à se faire délivrer par le maire une expédition en formes de tous les contrats, titres nouveaux, déclarations, baux, jugements et autres actes concernant le domaine dont la perception lui est confiée, ou à se faire remettre par tous dépositaires lesdits titres et actes contre un récépissé.

---

(1) Inst. générale, finances n° 849.

Ces multiples fonctions sont généralement remplies par le percepteur qui est à la fois receveur municipal. Toutefois, dans les communes qui ont 30,000 fr. de revenus, le conseil municipal peut demander la nomination d'un receveur spécial. Dans les villes dont le revenu ne dépasse pas 300,000 fr., le décret de décentralisation (25 mars 1852, art. 5) autorise les préfets à nommer le receveur municipal.

Nous venons de dire que le receveur municipal est chargé de centraliser et de recouvrer les ressources communales. Recherchons maintenant par quelles voies ces deniers arrivent à la caisse municipale. Les revenus sont recouvrés de trois manières : 1° par recouvrements effectués directement par le receveur municipal sur les contribuables ou sur les débiteurs des communes; 2° par l'entremise du trésorier général; 3° par l'intermédiaire de préposés, de fermiers, etc., ou sous d'autres formes particulières, telles que la régie simple ou intéressée, la ferme, l'abonnement.

Les recouvrements effectués directement par le receveur municipal portent sur :

1° Le produit des maisons, usines, prés et autres biens ruraux appartenant à la commune;

2° Les rentes foncières dues par les individus;

3° Le prix des coüpes, les produits accessoires des bois des communes, ainsi que celui de la vente d'écorces provenant des coupes affouagères;

4º Les taxes affouagères, de pâturage et de tourbage ;

5º La taxe des chiens ;

6º Les centimes additionnels, quelle que soit leur dénomination ainsi que l'attribution des communes sur la contribution des patentes. Toutefois ces centimes additionnels ne pouvant pas être perçus indépendamment du principal des contributions, le receveur municipal ne les recouvre directement sur le contribuable que lorsqu'il est en même temps percepteur. Dans tous les cas, c'est chez le receveur des finances qu'est établi le décompte de la portion revenant à la commune ;

7º Les prestations en nature rachetées payables en argent, ainsi que les subventions particulières et les souscriptions volontaires pour les chemins vicinaux,

8º Le produit des permis de chasse ;

9º Les droits de voirie ;

10º Le prix des concessions dans les cimetières ;

11º Le prix des biens aliénés ;

12º Les dons et legs à réaliser en numéraire, à moins que l'autorité supérieure n'en prescrive le versement dans une autre caisse ;

13º Les capitaux remboursés par des particuliers, ou le prix du rachat de rentes.

Les ressources qui entrent dans la caisse municipale par l'intermédiaire du trésorier payeur général, sont : le produit de rentes sur l'Etat ; — l'intérêt de fonds placés au trésor public, les subventions accordées pour réparations aux édifices communaux ou autres dépenses ; les restitutions, dommages et intérêts prononcés en faveur des communes; les subventions sur les fonds départementaux pour les dépenses des chemins vicinaux ; les indemnités pour les enrôlements volontaires, les frais de casernement.

Les autres revenus à recouvrer suivant des formes particulières sont les droit de places dans les halles et marchés, les droits d'octroi, d'abatage. Ces droits sont perçus par l'intermédiaire de préposés, des fermiers, etc ; ou sous forme de régie simple, de régie intéressée, de ferme ou d'abonnement. Les droits sur les expéditions des actes de l'état civil, ainsi que les droits des deuxièmes et ultérieures expéditions des actes administratifs, sont perçus par les employés des mairies. Le produit doit être versé à la diligence des maires, dans la caisse municipale. Les receveurs municipaux doisvnt réclamer ces versements à l'expiration de chaque trimestre (1).

Nous avons vu que les cinq centimes communaux formant le 1er article de tout budget, ainsi que les centimes additionnels votés à titre d'imposition extraordinaire se perçoivent en même

---

(1) Inst. générale, art. 798.

temps que les quatre contributions directes dont elles sont l'accessoire. Tous les trois mois la trésorerie générale procède à la liquidation de la portion afféreute aux communes.

Les autres recettes sont perçues en vertu d'états ou de titres remis au receveur municipal, qui ne peut recevoir directement aucun titre de recette sans encourir les peines disciplinaires. Les budgets et états, rendus exécutoires par le préfet, sont transmis par lui au trésorier payeur général qui les fait parvenir au receveur par l'intermédiaire du receveur des finances.

Le receveur municipal par l'effet de la transmission des budgets et des titres dont se composent les recettes, devient responsable de ces recettes. Lorsque certaines deviennent irrécouvrables, il ne peut en obtenir la décharge qu'en vertu d'états de valeurs irrécouvrables qu'il rédige dans les formes indiquées par les instructions sur la comptabilité, états qui doivent être approuvés par le conseil municipal et par le préfet.

Il joint alors ces états à l'appui de ses comptes, et la juridiction compétente prononce définitivement, si les justifications régulières sont produites, la décharge des dites valeurs.

L'Instruction générale prévoit certains cas où le receveur municipal est autorisé à refuser ou à retarder le paiement des mandats délivrés par le maire, spécialement, lorsque la somme ordonnancée ne porte pas sur un crédit régulier, ou excède ce crédit ; lorsque le mandat a été présenté après la clôture de l'exercice ; lorsque les pièces produites sont insuffisantes ou irrégulières; lorsqu'il y a eu opposition dûment signifiée entre les mains du comptable, contre le paiement réclamé ; lorsqu'il y a insuffisance de fonds momentanée dans la caisse municipale.

Le rôle du receveur ne saurait aller jusqu'à critiquer et refuser les mandats et pièces qui lui sont présentés. C'est sous la seule responsabilité du maire que ces mandats sont délivrés et le contrôle du receveur se borne à signaler, le cas échéant, à la vigilance du maire, les abus ou irrégularités qui pourraient se produire. Dans le cas où le maire l'inviterait à passer outre, il devrait acquitter le mandat (1).

Lorsque le receveur municipal refuse d'acquitter un mandat, il doit faire connaître par écrit les motifs du refus; et si ces motifs sont jugés non fondés, il peut être condamné à des dommages-intérêts (2).

Depuis les modifications apportées par la loi du 23 août 1871 aux lois précédentes sur le timbre, les mandats de paiement qui autrefois étaient passibles, à cause de l'acquit des parties prenantes,

---

(1) Inst. générale, art. 1003.
(2) Inst. générale, art. 1001, 1002.

d'un droit de 0 fr. 50 c. quelle que fut la dimen-
sion du papier, n'ont plus à supporter aujourd'hui
qu'un droit de 10 centimes qui *remplace celui de
50 centimes.* Quant aux factures et mémoires qui
accompagnent lesdits mandats, ils doivent toujours être rédigés sur papier timbré, et si le « pour
acquit » est donné sur ces pièces, on doit y ap-
poser en outre le timbre spécial de quittance de
10 centimes.

IV.

COMPTABILITÉ COMMUNALE.

Aux règles que nous venons d'indiquer sur le
budget municipal, il convient d'ajouter quelques
notions sommaires sur la comptabilité communale, et donner un aperçu des écritures et comptes
soit du maire, soit du receveur municipal. Nous
dirons ensuite quelques mots du jugement des
comptes et de la surveillance exercée par l'administration sur la gestion des finances municipales.

Compte et écritures du maire. — Nous savons
que chaque année le maire doit soumettre au conseil municipal, avant la délibération sur le budget, le compte de l'exercice clos. Ce compte doit
contenir, détaillé par colonnes et suivant les divi-

sions indiquées par l'art. 510 du décret de 1862,
l'état des recettes et des dépenses. Au compte, le
maire doit joindre les développements et explica-
tions nécessaires pour permettre au conseil municipal d'apprécier les actes administratifs de ce
fonctionnaire pendant l'exercice qui vient de se
terminer. Les comptes des maires sont soumis
ensuite à l'appréciation des préfets pour les communes ayant moins de trois millions de revenus.
Pour celles qui ont un revenu de trois millions au
moins, les comptes sont soumis à l'approbation
du Président de la République, sur la proposition
du ministre de l'intérieur.

Une copie conforme du compte d'administration tel qu'il a été vérifié par le conseil municipal
et examiné par le préfet, doit être transmise par
ce comptable à la juridiction compétente comme
élément de contrôle du compte de sa gestion (1).

Aux termes de l'art. 69 de la loi du 18 juillet
1837, les comptes administratifs du maire restent
déposés à la mairie où tout intéressé est admis à
en prendre connaissance. Ils sont même publiés
par voie d'impression dans les villes dont le revenu atteint 100,000 francs, et dans les autres,
quand le conseil municipal a voté cette dépense.

Pour que le compte du maire soit exactement
dressé, ce fonctionnaire doit, au fur et à mesure

---

(1) Ordonnance du 24 janvier 1843, art. 2.

de chaque opération d'ordonnancement, en tenir ou en faire tenir écriture sur un registre spécial. Dans les grandes villes, les maires doivent même faire tenir un Journal et un Grand-Livre pour y consigner sommairement toutes les opérations financières concernant la fixation des crédits, la liquidation, l'ordonnancement et le paiement des dépenses. Ces opérations doivent être en même temps décrites avec détail dans les livres ou regis-tres auxiliaires, dans la forme déterminée par les préfets suivant la nature et l'importance des di-verses parties de ce service (1).

Écritures et compte du receveur. — Nous nous bornerons sur ce point à renvoyer aux règles si précises posées dans l'Instruction générale des fi-nances (art. 1445 à 1512 et 1576), et qui établissent des règles distinctes pour le receveur-percepteur et le receveur municipal spécial.

Rappelons seulement qu'au 31 décembre de chaque année, le maire de la commune, assisté d'un membre du conseil municipal, doit constater l'existence des valeurs matérielles qui représen-tent l'excédant des recettes sur les dépenses, et procéder à la clôture des registres. Il adresse à cet effet un procès-verbal, et fait établir à l'appui le bordereau de situation sommaire au 31 décembre. Puis il transmet les deux pièces au sous-préfet.

---

(1) Décret du 31 mai 1862, art. 509.

Une ampliation en est remise au comptable, et une autre est transmise par ce dernier au receveur des finances (1).

De même que nous avons vu le maire produire annuellement son compte d'administration, de même le receveur municipal est tenu de rendre chaque année un compte de gestion. A cette effet chaque receveur établit le compte des opérations complémentaires de l'exercice aussitôt après sa cloture, et comprend ces opérations dans le même document que le compte des opérations des douze premiers mois, auxquelles elles sont réunies, pour présenter des résultats qui concordent avec ceux du compte du maire (2).

Les opérations des deux périodes de l'exercice clos appuyées de toutes les pièces justificatives, sont disposées d'une manière distincte, et suivies : 1° de la situation du comptable vis-à-vis de la commune au 31 décembre, de telle sorte que l'excédant signalé à cette époque étant reporté en tête du compte suivant, les comptes soient liés les uns aux autres sans interruption, selon le vœu des règlements ; 2° du résultat final de l'exercice au moment de sa cloture, lequel résultat est également reporté en tête du compte suivant, et compris dans la situation du receveur au 31 décembre (3).

---

(1) Inst. générale des finances, art. 1519.
(2) Décret du 20 janvier 1866, art. 1er.
(3) Décret du 20 janvier 1866, art. 2

Le budget doit être transcrit littéralement dans le compte de gestion, avec des annotations pour les crédits supplémentaires et les petits excédants de dépense imputés sur les dépenses imprévues (Instruction générale art. 1533).

Une expédition du compte de gestion est remis au maire pour être jointe au projet de budget, et envoyée à la préfecture qui a ainsi connaissance des services hors budget (1).

Le compte de gestion affirmé sincère et véritable, daté et signé par le receveur, doit être vérifié et certifié exact par le receveur des finances. Il est ensuite examiné, débattu et arrêté par le conseil municipal dans la session de mai, sauf règlement définitif (2). Il est encore vérifié sur pièces d'une manière approfondie par le receveur des finances et présenté à l'autorité chargée de le juger avant le 1er septembre de l'année qui suit celle pour laquelle il a été rendu.

Pour que le compte du receveur soit en état d'examen, il faut qu'il soit accompagné des pièces suivantes : 1º une expédition du budget primitif et du budget supplémentaire et un tableau des autorisations spéciales ; 2º une copie certifiée du compte administratif ; 3º une copie de la délibération du conseil municipal ; 4º un état du pas-

---

(1) Décret du 20 janvier 1866, art. 2.
(2) Loi du 14 juillet 1837, art. 23.

5..

sif; 6° le procès verbal de la situation de la caisse au 31 décembre ; 7° une copie du bordereau de la situation sommaire à cette époque ; etc., etc. (1).

Quatre exemplaires du compte de gestion doivent être dressés. D'abord la minute sur papier timbré que conserve le comptable; une expédition que le maire transmet au préfet ; une autre remise au conseil municipal ; enfin une troisième expédition destinée à la Cour des Comptes ou au Conseil de préfecture (2).

Jugement des Comptes. — Il nous reste à voir maintenant par qui sont apurés et définitivement réglés ces divers comptes. C'est le conseil de préfecture qui est investi de cette mission pour les communes dont le revenu ordinaire n'excède pas 30,000 francs, sauf recours à la Cour des comptes. Cette juridiction est compétente en premier ressort pour les communes dont les revenus ordinaires dépassent 30,000 francs. Il faut qu'une ville ait vu, pendant trois exercices consécutifs ses revenus atteindre 30,000 francs pour que le préfet puisse mettre ses comptes sous la juridiction de la Cour des comptes. Les arrêtés pris à cet effet doivent être immédiatement transmis aux Ministres de l'Intérieur et des Finances,

---

(1) Décret du 20 janvier 1866, art. 3.
(2) Loi du 18 juillet 1837, art. 66.

ainsi qu'au procureur général de la Cour des comptes (1).

Un arrêt du Conseil d'Etat du 4 avril 1856 a déclaré que la compétence de la Cour des comptes s'étend: 1° aux demandes formées par les communes à l'effet d'obtenir la révision des comptes et de faire déclarer les comptables responsables envers elles. Un autre arrêt du 12 août 1848, avait déclaré que cette compétence s'étendait même aux particuliers qui se chargeraient du recouvrement et de l'emploi de souscriptions destinées à une dépense communale.

Le receveur qui n'a pas présenté son compte de gestion dans les délais fixés peut être condamné par l'autorité compétente à une amende de 10 à 100 francs par chaque mois de retard, lorsqu'il est justiciable de la Cour des comptes. Ces amendes sont attribuées aux communes que concernent les comptes en retard. Elles sont assimilées au débet des comptables, et le recouvrement peut en être suivi par corps (2).

La notification du jugement des comptes se fait par le receveur des finances, à qui est imparti un délai de 15 jours pour faire tenir au greffier en chef de la Cour des Comptes, ou au préfet pour le greffe du Conseil de préfecture,

----

(1) Ord. du 23 avril 1823, art. 10.
(2) Loi du 18 juillet 1837, art. 68.

le récépissé constatant la notification faite au justiciable de ces deux juridictions (1). La notification est faite simultanément et sous forme de tableau pour toutes les communes d'une même perception, quand les comptes sont jugés par le Conseil de préfecture.

L'autorité investie du jugement ne peut apporter dans le résultat général de chaque compte d'autre changement que ceux nécessaires pour redresser une inexactitude dans le report d'un reliquat fixé par un arrêt précédent.

La Cour des comptes juge exclusivement sur pièces, sans que le comptable soit admis à discuter, ni en personne ni par ministère d'avocat, les articles de leur compte : il n'y a donc pas de débat contradictoire. Il en résulte que le premier arrêt rendu sur un compte n'est que provisoire. Il est accordé deux mois au comptable pour répondre aux diverses charges ou injonctions qu'il contient, et produire les justifications nécessaires. Si cet arrêt n'a pas été exécuté ou contredit dans le délai de deux mois, la Cour rend alors son arrêt définitif qui met à la charge du comptable, par des forcements de recettes ou des rejets de dépenses qu'elle prononce, les sommes ou une partie des sommes qui ont fait l'objet des charges ou injonctions contenues dans le premier arrêt (2).

---

(1) Décret du 20 janvier 1866, art. 5.

(2) Inst. générale, 20 juin 1859, art. 1560.

L'arrêt définitif de la Cour peut reconnaître le comptable en débat, comme le déclarer quitte. Dans le premier cas, elle lui enjoint de solder le debet dans le délai légal (1). Dans le second cas, elle prononce décharge définitive et main levée des hypothèques inscrites sur ses biens, pour le fait de la gestion dont le compte est jugé.

Lorsque les comptes ont été jugés par le Conseil de préfecture, dans les trois mois de la notification de l'arrêté, les communes et comptables peuvent se pourvoir, par appel devant la Cour des comptes.

Il ne peut être formé de pourvoi devant le conseil d'État contre les arrêts de la Cour des comptes que pour violation des formes ou de la loi. Ce pourvoi doit être introduit dans les trois mois de la notification de l'arrêté et conformément au règlement sur le contentieux du Conseil d'Etat (2).

Ajoutons que la révision peut être demandée pour omission, erreur, double ou faux emploi, reconnu par la vérification d'autres comptes, et à raison de pièces justificatives recouvrées depuis l'arrêt ou l'arrêté définitif à réviser (3). Cette révision peut être demandée par les comptables, par

---

(1) Loi de 1807, art. 13.
(2) Ord. du 28 décembre 1830, art. 8.
(3) Loi du 16 septembre 1807, art. 17.

les communes, par les ministres de l'intérieur et des finances ; elle peut aussi être prononcée d'office par la Cour des comptes ou le Conseil de préfecture, sur la réquisition du procureur général près la Cour des comptes ou du préfet.

Surveillance de la comptabilité communale. — Nous venons de poser les principales règles qui régissent la comptabilité des communes. Il nous reste à voir, à quelle autorité est confié le soin de les faire appliquer.

La loi du 18 juillet 1837 dans son article 10, en charge en premier lieu le maire : c'est lui qui doit signaler au sous-préfet les irrégularités graves découvertes dans la gestion du receveur-percepteur. S'il s'agit d'un receveur spécial, le maire peut le suspendre et nommer un gérant provisoire, sauf à en informer le sous-préfet.

L'instruction générale du ministre des finances charge en outre le receveur des finances d'exercer un contrôle fréquent et détaillé sur les écritures et la gestion des receveurs municipaux. En cas d'irrégularités graves, le receveur des finances peut provoquer la suspension par le maire de l'agent inculpé et son remplacement par un gérant provisoire ; il peut même, en cas d'urgence, y pourvoir d'office, sauf à en rendre compte au préfet et au ministre.

Les inspecteurs des finances ont aussi dans leurs attributions le contrôle des receveurs municipaux, qu'ils peuvent suspendre de leurs fonctions en cas de déficit, sauf avis à l'autorité compétente et au receveur des finances.

Une dernière question se pose ici, qu'il importe de résoudre. En cas de déficit constaté dans la caisse municipale, comment la commune rentrera-t-elle dans ses fonds ? L'ordonnance du 18 novembre 1826, et celle du 17 septembre 1837 imposent au *receveur des finances* la charge de verser à la caisse municipale le montant du déficit. Puis il exerce son recours sur le cautionnement, les biens et la personne du débiteur, par subrogation aux droits de la commune. Toutefois si le déficit provient de force majeure ou de circonstances indépendantes de la surveillance, le receveur des finances peut obtenir le remboursement des sommes qu'il a payées en capital et en intérêts. C'est le ministre des finances qui prononce après avoir pris l'avis du ministre de l'intérieur et celui de la section des finances au Conseil d'Etat, sauf appel au Conseil statuant au contentieux.

Pour les receveurs spéciaux, les communes exercent elles-mêmes leur recours contre ces comptables.

Comptabilité occulte. — Nous avons posé plus haut le principe essentiel de notre matière, celui de l'entière séparation entre les fonctions d'ordonnateur et celles de receveur ou de payeur. Il ne saurait y avoir à ce sujet aucune tolérance, car les abus les plus funestes ne tarderaient pas à se produire, conséquences inévitables de ces opérations irrégulières qui constituent la comptabilité occulte des communes. Les maires ont qualité pour ordonnancer; non seulement ils ne l'ont point pour payer et pour percevoir, ni pour faire percevoir et payer par d'autres que le receveur municipal, mais rien ne leur est plus formellement interdit (1).

Il arrive quelquefois qu'un maire ordonnance des dépenses fictives, en appuyant ses mandats de paiement de mémoires qui ne sont point la représentation réelle des dépenses effectuées. Chaque fois que pareille fraude est découverte, la dépense doit être rejetée, et le rejet doit être prononcé quand bien même les fonds, ainsi sortis de la caisse municipale au moyen de justifications fictives, auraient été employés à des dépenses d'une utilité réelle pour la commune : ces dépenses ont été faites sans autorisation préalable de l'autorité compétente : elles doivent rester à la charge du maire.

Toute personne autre que le receveur municipal qui, sans autorisation, se sera ingérée dans le maniement des deniers de la commune, sera par ce seul fait constituée comptable ; elle pourra en outre être poursuivie en vertu de l'art. 258 du

____

(1) Circul. int. 24 septembre 1824.

Code pénal, comme s'étant immiscée sans titres dans des fonctions publiques (1).

Si c'est le maire qui s'immisce dans le maniement des deniers de la commune, il se rend justiciable de la même autorité que les receveurs municipaux, c'est-à-dire du Conseil de préfecture ou de la Cour des comptes. Si dans le délai de deux mois, il n'a pas rendu un compte présentant toutes les opérations qui constituent la comptabilité occulte, quelles qu'en soient la date et l'origine, il peut être puni des peines que les lois et règlements prononcent, dans ce cas, contre les comptables. Il se rend en outre passible de poursuites judiciaires. L'hypothèque légale, résultant de l'article 2121 du Code civil, peut être inscrite sur ces propriétés immobilières, et le séquestre peut être mis sur ses biens, coeformément à la loi du 28 pluviôse an VIII, sans préjudice, s'il y a lieu, de la contrainte par corps, en exécution des art. 8 et 9 de la loi du 17 avril 1832. Enfin s'il persuade aux débiteurs qu'il a qualité pour recevoir valablement, il se rend coupable d'une manœuvre qui constitue le délit d'usurpation de fonctions, et alors il encourt l'application de l'art. 258 du Code pénal (2). S'il y avait détournement de deniers, il

---

(1) Loi du 18 juillet 1837, art. 64. — Arrêt du Conseil d'Etat, 24 juin 1849.

(2) Art. 258. C. P. « Quiconque, sans titre, se sera im-

serait procédé contre lui. conformément aux dispositions de l'art. 169 du même Code.

Aux termes de l'art. 2227 du Code civil combiné avec l'art. 10 de la loi du 5 septembre 1807 l'obligation de rendre compte ne se prescrit que par trente ans, à partir de la cessation des fonctions. De plus, les comptables doivent les intérêts des sommes par eux perçues, à partir du jour où ils étaient tenus de les verser dans les caisses auxquelles elles étaient destinées. Ces deux règles sont applicables à la comptabilité occulte.

La plupart du temps, les comptabilités occultes, ou « *masses noires* », ne s'alimentent que de sommes minimes, lesquelles s'appliquent à des dépenses, la plupart d'un intérêt communal, dont les autorités locales veulent se dispenser de provoquer l'autorisation. Mais, quelle que soit la bonne foi dont puisse exciper un maire relativement à ces opérations, elles ne constituent pas moins une infraction formelle et manifeste aux règlements sur la comptabilité. En matière de gestion financière, tout acte de cette nature fait sans droit est jugé en lui-même et non d'après les intentions qu'on a pu y mettre, parce qu'il détruit

---

miscé dans des fonctions publiques, civiles ou militaires, ou aura fait les actes d'une de ces fonctions sera puni d'un emprisonnement de deux à cinq ans, sans préjudice de la peine de faux, si l'acte porte le caractère de ce crime. »

la responsabiiité **sur** laquelle tout repose. (Ins. mint.)

Aux termes de l'art. 1239 du Code civil le paiement, pour être valable, doit être fait au créancier ou à quelqu'un ayant pouvoir de lui, ou qui soit autorisé par justice ou par la loi à recevoir pour lui. Il s'en suit que les tiers-débiteurs des communes qui consentent à verser entre les mains des maires, ou de personnes autres que les receveurs, les sommes ou valeurs dont ils sont détenteurs ne peuvent pas être délibérés par ces paiements irréguliers (Instruction min).

Il est bien difficile qu'une comptabilité occulte existe dans une commune, sans que le receveur municipal en ait connaissance. Il est donc à même, plus que personne, de signaler à l'autorité supérieure des abus de cette nature. L'arrêté du 19 vendémiaire an XII impose aux receveurs l'obligation de faire toutes les diligences nécessaires pour le versement dans leurs caisses de tous les fonds communaux, et les charge de veiller à la conservation des biens des communes. Les comptables méconnaîtraient donc gravement leurs devoirs et s'exposeraient à des mesures de rigueur et même à la perte de leur emploi s'ils se rendaient directement ou indirectement complices de ces faits, ou s'ils négligeaient de les faire [connaître immédiatement à leurs supérieurs.

Les receveurs doivent d'ailleurs, conformément

aux instructions, terminer leur compte de gestion
par un certificat attestant qu'il n'existe pas à leur
connaissances d'autres recettes ou dépenses que
celles dont ce compte est composé (1).

---

(1) Braff, *Administration financière des communes*,
tome II.

CHAPITRE II.

OCTROIS MUNICIPAUX.

Notions historiques. — Etablissement et suppression des octrois.—Matières qui peuvent être soumises aux droits d'octroi; tarifs. — Perception de l'octroi. — Administration.. — Personnel. — Comptabilité des octrois. — Rapports des octrois avec l'administration des contributions indirectes. — Contentieux (1).

I.

NOTIONS HISTORIQUES.

On donne le nom d'octrois aux taxes établies sur les objets de consommation locale, dans les villes et bourgs, pour les besoins de l'administration communale.

Si nous en croyons Ducange, le nom dérive d'un mot de la basse latinité, *ottroium, licentia vasallo*

---

(1) Nous empruntons la division de ce chapitre au remarquable article sur les Octrois, inséré dans le Dictionnaire d'administration française et dû à notre savant maître, de la Faculté de Paris, M. Vuatrin.

data. Le vieux langage français désignait ainsi une concession de l'autorité souveraine. « Il a été appliqué dans le sens qui nous occupe actuellement, par suite de la formule adoptée dans les édits qui autorisèrent primitivement pour les communes des impots de consommation auxquels le fisc royal s'associait souvent, par un prélévement variable, des 2/3 par exemple en 1323, de moitié seulement en 1663 (1) ».

. Vers la fin du XIII⁰ siècle nous voyons le premier octroi sur les marchandises créé au profit de la ville de Lyon. Au XIV⁰ siècle nous voyons nombre de villes obtenir l'autorisation du roi d'établir de semblables taxes municipales : la ville d'Amiens, en 1350, celle de Compiègne en 1352, établissent un octroi dont le produit tombe pour un quart dans la caisse royale.

L'établissement des octrois se multipliant, ces taxes formèrent bientôt dans les grandes villes la source la plus abondante des revenus municipaux. C'était aussi le moyen de dépense dont l'abus se faisait le plus sentir. Les pays d'États faisaient bien quelques difficultés pour accepter ces impositions nouvelles ; mais le plus souvent les municipalités, demandant l'autorisation de créer des taxes locales, trouvaient auprès du roi l'accueil favorable d'un pouvoir toujours obéré et toujours

---

(1) Esquirou de Parieu, *Traité des impôts*, tome 4.

prêt à partager avec les villes le produit des octrois. Souvent même, sans attendre de propositions et de son autorité souveraine, le roi en créait
au profit exclusif de l'État, pour combler les vides
du trésor (1).

Dans l'origine le produit des octrois municipaux
était spécialement destiné aux frais d'entretien
et de réparations de murailles, ponts, pavés, fontaines et édifices communaux. Mais en 1647 les
nécessités politiques du règne forcèrent Louis XIV
ou plutôt la Régente, de demander aux octrois les
ressources nécessaires à l'État, il fut alors ordonné
que les taxes municipales d'octroi seraient levées
au profit du roi, avec faculté pour les villes de les
percevoir « par doublement, » c'est-à-dire une seconde fois à leur profit. Le produit de ces taxes
fut affecté aux frais de guerre.

Des troubles ne tardèrent pas à suivre ces mesures autoritaires. Aussi l'édit de 1663 et l'ordonnance du 12 juillet 1681 de temporaires qu'elles
étaient rendit ces taxes perpétuelles, mais réduisit
à la moitié du produit le prélèvement opéré par le
fisc royal. C'est en souvenir de ce prélèvement qu'au
commencement de ce siècle les villes se virent imposer un prélèvement du dixième sur le produit
de leurs octrois, en remplacement de l'obligation

---

(1) Édit de septembre 1710. — Décis. du 1ᵉʳ septembre
1711. — Édit de 1758.

précédemment imposée de fournir aux troupes le pain de soupe (1); ce prélèvement a été supprimé par un décret du Prince-Président de la République, en 1852.

Lorsque l'établissement d'un octroi était demandé par une communauté d'habitants pour ses propres besoins, l'assemblée des notables en délibérait. La décision de ce conseil était transmise au contrôleur général des finances qui provoquait des lettres patentes d'autorisation sans lesquelles aucune taxe de cette nature ne pouvait être perçue, même aux pays d'États.

La perception des impôts ainsi établis sur les objets de consommation locale, devait être mise en ferme et adjugée, après trois publications, au plus offrant, en présence des officiers municipaux.

L'adjudication était prononcée soit par l'intendant ou son délégué, soit par le trésorier des finances ou autres agents du fisc (2). En matière d'octoi, la présence des agents royaux était de rigueur, l'intérêt [du prince se trouvant engagé. La loi ordonnait que les adjudications en fussent faites sans exception devant les officiers des bureaux de finance ou devant ceux des élections. Il était défendu aux membres du corps municipal de s'en rendre adjudicataires, ou de se porter

______

(1) Loi du 24 avril 1806.
(2) Édit d'avril 1683. — Arrêt du Conseil, 14 juin 1789.

caution, sous quelque prétexte que ce fut, en leur nom ou par personne interposée, à peine de nullité des baux, de destitution et de dommages-intérêts. La loi exigeait même que les fermiers du roi fussent appelés à l'adjudication, et que, dans le cas où ils ne l'auraient pas été, ils obtinssent la préférence sur l'adjudicataire, aux mêmes charges et conditions (1).

Les deniers d'octroi faisaient l'objet, non plus d'un compte annuel, comme le reste des finances municipales, mais d'un compte-rendu tous les trois ans, au bureau des finances, ou à la Chambre des comptes.

La Révolution de 1789 trouva la législation des octrois dans cet état. « Il y en a presque autant d'espèces différentes qu'il y a de villes qui jouissent de pareilles concessions. Ils diffèrent, non seulement par rapport aux denrées qui y sont assujetties, mais aussi quant à la nature des droits et à la forme de la perception. Dans certains lieux, ils se lèvent à l'entrée, dans plusieurs à la vente en gros, et dans d'autres enfin à la vente au détail. Ils diffèrent encore quant aux dénominations sous lesquelles ils sont perçus (2). »

La Constituante voulut régulariser tous ces impôts et unifier leur mode de perception. Un décret

---

(1) Ordonnance de 1685.
(2) Guyot et Merlin, *Répertoire*, v° *Octroi*.

6..

du 28 janvier 1790 supprima les privilèges de certaines personnes exemptes d'octroi. Et une série de décrets se succèdent en 1790 pour réprimer les atteintes portées à la perception des impôts par les refus d'acquitter les droits, les troubles, les émeutes.

« Environ un an après, un rapport d'ensemble sur les taxes, vulgairement nommées droit d'octroi, fut fait au nom du comité de l'imposition par MM. de la Rochefoucauld, Dauchy, d'Allarde, Ræderer, Defernon et Dupont de Nemours. Le projet de loi placé à la suite de ce rapport avait pour objet la refonte systématique des droits d'entrée et d'octroi. Il autorisait l'établissement dans les villes de taxes levées au profit de l'État sur les marchandises et productions consommées plus généralement par les habitants aisés ou riches.

« Ces taxes devaient être limitées par des *maxima* de produits, échelonnés depuis 20 sous par tête d'habitant jusqu'à 18 livres, suivant une gradation de huit classes, dans lesquelles étaient distribuées, suivant leur population, les villes comptant plus de 2,500 habitants.

« D'après l'article 13 du même projet, les villes, pour faire face à leurs dépenses municipales et à celles de leurs hôpitaux, ainsi qu'aux dettes qui leur seraient personnelles pouvaient proposer à l'Assemblée nationale d'ajouter aux taxes d'octroi perçues au profit général de la nation des sous

municipaux pour livre à la charge que ces sous
municipaux pour livre n'excéderaient jamais ni
en totalité, ni dans aucun article du tarif, la
somme perçue au bénéfice de l'État (1). »

Peu de jours après le rapport dont nous venons
d'analyser les conclusions, l'Assemblées constituante rendait le décret du 19 février 1791, qui
supprimait tous les impôts perçus à l'entrée des
villes. C'était ajouter au déficit légué par la monarchie un déficit nouveau et volontaire que les
assignats ne parvinrent pas à combler. Les communes demandèrent bientôt le rétablissement de
cet impôt, et arrachèrent au gouvernement du
Directoire la loi du 5 germinal an V qui, en présence des nécessités municipales, autorise la création de contributions indirectes et locales, sous
l'approbation du Corps législatif.

Mais les communes reculaient devant l'impopularité de l'impôt ; aussi ce ne fut que le 4 vendémiaire an VII qu'une résolution du conseil des
Cinq-Cents, approuvée le 27 par le conseil des Anciens, établit un octroi pour la ville de Paris ; et
encore, pour justifier ces taxes aux yeux des populations, les appela-t-on « octroi municipal et de
bienfaisance ». La détresse des hospices civils de
Paris, l'interruption des distributions à domicile,
tels sont les motifs sur lesquels la loi se fonde

---

(1) Esq. de Parieu. *Traité des impôts*, tome IV.

pour expliquer la restauration des octrois.

Une loi du 5 ventôse an VIII accorda au Gouvernement le droit d'approuver l'établissement et les tarifs d'octroi dans toute l'étendue de la France. De nombreuses villes profitèrent de ces lois, et force demandes d'établissement d'octroi furent portées au pouvoir. Une loi du 11 frimaire an VII (art. 51 et s.) avait déterminé les formalités à remplir par les municipalités pour mettre le Gouvernement à même d'apprécier les règlements et tarifs soumis à son approbation. La loi du 27 vendémiaire an VII qui créait l'octroi de Paris, servit de modèle à une foule d'autres, celle du 23 nivôse an VII, par exemple, qui crée l'octroi de Bordeaux; une autre du 9 prairial an VIII qui crée l'octroi de Nantes, etc., etc. Il n'y avait en l'an IX que 293 localités sujettes à l'octroi; mais le nombre ne tarda pas à s'élever, et nous en comptons 370 en l'an X; 499 en l'an XI; 2,641 en l'an XII; enfin en l'an XIII nous trouvons 3,262 octrois pour les 108 départements de la France d'alors. Le nombre des octrois en 1880 s'élève à peine à la moitié de celui de l'an VIII.

De nombreuses modifications furent apportées à la loi de vendémiaire an VII. La plus importante fut celle de la loi citée plus haut du 5 ventôse an VIII qui autorise l'établissement d'octrois, non plus par une loi, mais par un acte du Gouvernement. Une loi du 26 germinal an XI auto-

rise en outre le remplacement facultatif de tout ou
partie de la contribution mobilière par des droits
additionnels à l'octroi; c'est-à-dire la substitution
d'un impôt indirect à un impôt direct. Nous aurons à dire plus tard de quelles attaques cette
disposition de la loi fut l'objet.

Le désordre et des abus sans nombre marquè-
rent cette première période, dans la perception
des octrois. Un double vice avait, en effet, survécu au régime que la Constituante avait cru
anéantir : les villes donnaient l'octroi à ferme, et
d'autre part, les tarifs et le tableau des matières
imposées étaient rédigés sans choix, sans ordre et
sans mesure. Le décret du 17 mai 1809 vint couper court à ces abus. Le premier soin du législateur fut, tout en laissant aux conseils municipaux
la délibération des octrois et aux maires la surveillance immédiate de leur perception, de donner
à l'administration des droits réunis, sous l'autorité du ministre des finances, la surveillance générale de la perception de tous les octrois de l'Empire ; il soumet les règlements locaux à des dispositions communes, détermine les matières qui,
seules, pourront être soumises à la taxe, et reconnaît trois modes d'administration des octrois : la
régie simple, la régie intéressée et la ferme. Les
règles de comptabilité, nettement posées dans les
170 articles de ce décret, commentées dans une
instruction ministérielle, mise en marge de cha-

que article, a servi de base à l'ordonnance du 9 décembre 1814 qui régit actuellement la matière.

Si les dispositions du décret de 1809 ne produisirent pas les excellents résultats qu'on était en droit d'en attendre, il n'en faut accuser que l'incurie des conseils municipaux. Au lieu de s'inspirer directement des instructions détaillées du décret de 1809, les municipalités laissèrent les abus se perpétuer. Les communes qui affermaient leurs impôts en ignoraient le rendement et manquaient par suite de base pour fixer le prix de la ferme. L'octroi était-il en régie, l'inintelligence et l'impéritie du personnel, joints à un grand désordre, favorisaient les dilapidations. Il fallut pour mettre un terme à cette situation désastreuse des communes un nouveau décret : celui du 8 février 1812. Celui-ci ne se contenta pas, comme en 1809, de placer la perception des octrois municipaux sous la haute surveillance de la régie des droits réunis : il la plaça dans ses attributions exclusives. C'était empiéter sur le domaine des communes et réduire leur indépendance ; mais cette mesure autoritaire eut au moins l'avantage de mettre fin rapidement à de déplorables abus.

La Restauration, appréciant les heureux résultats du décret de 1812, mais désirant restituer aux communes un peu de leur indépendance, fit rendre la loi du 8 décembre 1814, suivie le lendemain d'une ordonnance par laquelle le service des octrois rentrait aux mains des municipalités, mais avec quelques restrictions destinées à prévenir le retour des désordres anciens. Ainsi aux termes de l'art. 121 de cette loi, dans aucun cas les octrois ne pouvaient être affermés, ni confiés à des régies intéressées. De plus l'ordonnance du 9 décembre fut rendue pour éviter toute fausse interprétation de la loi, et pour fixer nettement quels étaient, parmi les anciens réglements, ceux qui demeuraient en vigueur.

Ces restrictions de la loi de 1814 disparurent, sur les réclamations persistantes des communes, par la loi du 28 avril 1816. Depuis lors c'est le conseil municipal qui a le droit de choisir entre les quatre différents modes de perception, celui qui paraît le plus convenable aux intérêts de la commune. La perception devra cependant se faire sous la surveillance du maire, du sous-préfet et du préfet. L'État, comme on le voit, n'abdiquait pas tout à fait ; il a toujours gardé son droit de contrôle sur l'établissement des octrois nouveaux et la formation des tarifs.

La surveillance ainsi exercée par le Gouvernement semblait avoir coupé court aux abus signalés plus haut. Il n'en est pas moins vrai que cette loi de 1816 qui a rendu leur liberté entière aux communes, les expose par cela même à un danger : la loi autorise encore les communes à confier la perception des octrois à la spéculation pri-

vée, ce qui peut ouvrir la porte à certaines prati-
ques, familières aux anciens traitants, qui ont fait
considérer la ferme des impôts comme la source
d'irrémédiables abus.

Nous aurons, en traitant la question des octrois
au point de vue économique, à signaler un autre
danger. La loi de 1816 abandonne aux communes
la formation des tarifs, ne laissant au gouvernement central qu'un contrôle forcément réduit à
sauvegarder les principes généraux. Seules, les
municipalités dressent ces tableaux des matières
imposables dont le contre-coup se fera sentir
mainte fois dans la production industrielle et
agricole.

Signalons, avant d'entrer dans l'étude détaillée
de la législation sur les octrois, les lois qui ont
suivi, sans l'abroger, la loi de 1816. Citons d'abord
la loi du 11 juin 1842 qui décide que les ordonnances portant établissement des octrois, ou modifications aux règlements, soient rendus en la
forme des règlements d'administration publique;
— que les droits sur les boissons ne pourront
excéder les droits d'entrée perçus au profit du
Trésor, si ce n'est en vertu d'une loi; — et enfin
que les surtaxes [précédemment autorisées cesse-
ront de plein droit au 31 décembre 1852. La loi du
10 mai 1846 relative à la perception du droit d'octroi sur les bestiaux: — le décret-loi du 17 mars
1852 qui a supprimé le prélèvement du dixième

opéré par le Trésor sur le produit des octrois;
diminué de moitié les droits d'entrée sur les boissons; a prorogé de 3 ans le délai fixé par la loi
du 11 juin 1842, pour la réduction des droits
d'octroi au chiffre des droits d'entrée. Enfin
la loi du 22 juin 1854 autorise à porter les
droits d'octroi au double des droits d'entrée.
Si nous joignons à ces lois, celle du 27 juillet 1867 sur les conseils municipaux, et celle
du 10 août 1871 sur les conseils généraux,
qui ont étendu aux octrois leur esprit de décentralisation, nous aurons indiqué les principales
dispositions législatives qui constituent le régime
actuel des octrois. Nous allons en étudier le fonc-
tionnement. Puis examinant au point de vue
économique la question de leur suppression, nous
passerons rapidement en revue les législations
étrangères, en insistant sur les moyens employés
pour suppléer aux revenus des octrois, dans les
pays qui les ont supprimés.

II.

ÉTABLISSEMENT ET SUPPRESSION DES OCTROIS.

La loi du 18 juillet 1837, art. 19, appelant les
conseils municipaux à délibérer sur les tarifs et
règlements de perception de tous les revenus com-

munaux, l'établissement des taxes d'octroi doit faire l'objet d'une délibération. Nous trouvons la nécessité de cette délibération consacrée par l'art. 2 du décret du 17 mai 1809 et l'art. 5 de l'ordonnance de 1814. Enfin la loi du 28 avril 1816, porte dans son art. 147 qu'ils peuvent être établis *sur la demande des conseils* municipaux. La taxe une fois votée ainsi que les règlements relatifs à sa perception doivent être autorisés par décret rendu sur l'avis du conseil d'Etat (1). Le conseil municipal doit d'ailleurs se renfermer dans les limites fixées par le tarif général. On sait que ce tarif général, établi après avis des conseils généraux, a été annexé au décret portant réglement d'administration publique en exécution de la loi rendue le 12 février 1870. C'est la seule entrave apportée au droit des conseils municipaux par le gouvernement central. Le législateur en effet, s'inspirant d'un esprit de large décentralisation, s'est contenté de l'intervention des conseils généraux, quelquefois même des seuls conseils municipaux.

La loi confère en effet aux conseils généraux un droit de contrôle qui s'exerce d'après les distinctions suivantes : Ils sont appelés à délibérer sur les demandes des conseils municipaux ayant pour objet : 1º l'établissement ou le renou-

---

(1) Loi du 24 juillet 1867, art. 8.

vellement d'une taxe d'octroi sur des matières non comprises dans le tarif général ; 2° l'établissement ou le renouvellement d'une taxe excédant le maximum fixé par ce tarif ; 3° l'assujettissement à la taxe d'objets non encore imposés dans le tarif local ; 4° les modifications aux réglements ou périmètres existants. Dans ces divers cas, la délibération du Conseil général est exécutoire si dans le délai fixé par la loi un décret motivé n'en a pas suspendu l'exécution (1).

Le Conseil général statue au contraire définitivement dans certains autres cas, c'est-à-dire que sa délibération ne peut être annulée que pour excès de pouvoir ou pour violation d'une loi ou d'un réglement d'administration publique (2). Ces cas sont ceux où l'assemblée départementale délibère sur une décision d'un Conseil municipal tendant à la prorogation des taxes additionnelles d'octroi actuellement existantes, ou à l'augmentation des taxes au delà d'un décime ; le tout dans les limites du maximum des droits et de la nomenclature des objets fixés par le tarif général.

Enfin, poussant encore plus loin l'esprit de décentralisation, le législateur a reconnu exécutoires par elles-mêmes, sauf le droit d'annulation con-

(1) Loi du 10 août 1871, art. 48 et 49.
(2) Art. 46 et 47.

féré au préfet de simples délibérations des Conseils municipaux (1). Ce sont celles qui concernent : 1° la suppression ou la diminution des tarifs d'octroi ; 2° la prorogation des taxes d'octroi pour cinq ans au plus ; 3° l'augmentation des taxes jusqu'à concurrence d'un décime; sous la condition toutefois qu'aucune des taxes ainsi modifiées ou maintenues n'excède le maximum déterminé par le tarif général, ou qu'aucune de ces taxes ne porte sur des objets non compris dans ce tarif.

Une question s'est posée au sujet de l'interprétation de l'art. 147 de la loi du 24 avril 1816: cet article porte que, lorsque les revenus d'une commune sont insuffisants pour subvenir à ses dépenses, il peut être établi, sur la demande du conseil municipal, un droit d'octroi sur les consommations. S'il est vrai que le décret de 1809 et l'ordonnance de 1814 accordaient au Gouvernement le droit d'imposer des octrois aux communes contre leur gré, nous pensons avec notre savant maître, M. Vuatrin (2), que les termes de l'art. 147 précité ne laissent place à aucun doute.

Depuis la loi de 1816, l'établissement de toute taxe d'octroi exige la demande, ou tout au moins

---

(1) Loi du 18 juillet 1837, art. 18.

(2) Dictionnaire de l'Administrat. franç. de M. Block, v° *Octroi*.

le consentement préalable du conseil municipal.
C'est là pour les communes un droit tout aussi nettement établi que celui du gouvernement de refuser sa sanction aux taxes d'octroi lorsqu'il le juge
convenable. C'est ce que le conseil d'État a consacré à diverses reprises par ses arrêts en date du
16 décembre 1842, et 5 juin 1848 qui annulent des
décisions par lesquelles le Gouvernement imposait
à des communes un octroi qu'elles n'avaient pas
voté.

L'ordonnance du 9 décembre 1814 a réglé ainsi
qu'il suit les formalités à observer pour l'établissement d'un octroi. Le conseil municipal prend
une délibération portant établissement d'un octroi. Le maire la transmet au sous-préfet qui la
fait parvenir , avec ses observations au préfet. Le
préfet y joint son avis, et en saisit le ministre de
l'Intérieur qui autorise s'il y a lieu, le conseil municipal à délibérer les tarifs et règlements (art. 6).
Ces tarifs et règlements une fois délibérés, accompagnés de l'avis du maire et du sous-préfet, sont
transmis par le préfet au directeur général des
contributions indirectes, pour être soumis au ministre des finances. C'est sur le rapport de ce ministre que le Président de la République accorde
son approbation s'il y a lieu (art. 7).

Lorsque le Gouvernement refuse son approbation aux propositions d'une commune, lorsqu'il
rejette un article du tarif, ou restreint la taxe,

aucun recours n'est possible contre cet acte de pure administration, rendu en vertu d'un pouvoir discrétionnaire que le Conseil d'État ne saurait entraver. Dans certains autres cas, au contraire, la commune serait recevable à former un pourvoi devant le Conseil d'État, contre le décret repoussant une demande d'octroi. C'est ce qui a été décidé, dans plusieurs arrêts du conseil, notamment ceux du 23 août 1836, du 25 avril 1845, 8 avril 1846, etc.

Le Conseil d'État a admis également comme recevable le pourvoi formé par de simples particuliers. L'arrêt du 24 déc. 1854 a jugé que les habitants d'une commune comprise dans la banlieue d'une ville, qui se fondent sur ce que le conseil municipal n'a pas été appelé à délibérer, ont qualité pour attaquer par la voie contentieuse devant le Conseil d'État, le décret approbatif d'un règlement d'octroi qui assujettit à la perception des droits la portion de la commune dans laquelle ils sont propriétaires ou locataires.

III.

MATIÈRES QUI PEUVENT ÊTRE SOUMISES AUX DROITS D'OCTROI. — TARIFS.

Les lois du 11 frimaire an VII et 27 vendémiaire an VIII laissaient aux communes la plus grande

latitude pour dresser le tableau des objets susceptibles de payer la taxe. Conserver les exceptions et
franchises jugées nécessaires au commerce de la
commune ; au premier rang de ces exemptions
placer les grains et farines, les fruits, beurre, lait,
fromages, légumes et autres menues denrées servant habituellement à la nourriture des hommes ;
exempter des droits les marchandises non destinées à la consommation de la commune et qui n'y
entrent que par transit ou pour être entreposées
jusqu'à leur sortie ultérieure : telles étaient les
seules règles imposées aux communes. La loi du
5 ventose an VIII qui délègue au gouvernement le
droit d'établir ces taxes, l'autorise à les établir
sur les objets de consommation locale, sans autre
désignation.

Mais le décret de 1809 survient qui établit cinq
catégories d'objets, en dehors desquels aucune
taxe ne pourra établie. Ces cinq divisions sont les
suivantes : 1º boissons et liquides ; 2º comestibles ;
3º combustibles ; 4º fourrages ; 5º matériaux (article 16 du D. du 17 mai 1809). Le décret maintient
en outre l'exception établie par la loi de l'an VII
pour les grains et farines. L'ordonnance du
14 avril 1814 reproduit ces dispositions dans ses
art. 11 à 24. Enfin la loi du 28 avril 1816 porte
dans son art. 147 « que la désignation des objets
imposés, le tarif, le mode et les limites de la perception seront délibérés par les conseils munici-

paux et réglés de la même manière que les dépenses et les revenus communaux. » L'art. 148
ajoute « que les droits d'octroi continueront à
n'être imposés que sur les objets destinés à la
consommation locale. Il ne peut être fait d'exception que dans des cas extraordinaires et en vertu
d'une loi spéciale. »

Une double question s'est posée sur l'interprétation de ces deux articles de la loi de 1816. Tous
les objets de consommation locale peuvent-ils être
soumis à l'octroi, bien qu'ils ne rentrent pas dans
les cinq catégories du décret de 1809 ? D'autre part
les objets tels que les grains et farines, compris
dans les cinq catégories, mais exemptées par la
loi du 11 frimaire an VII, peuvent-ils être imposés depuis l'art. 148 de la loi de 1816 ?

La jurisprudence a longtemps varié sur ces
deux points. Dans une opinion, on estime que la
loi de 1816 n'abroge ni explicitement, ni implicitement la législation antérieure sur les octrois;
que par suite, l'art. 147 de la loi de 1816 n'a conféré au conseil municipal le droit d'établir des
taxes que sur les objets compris dans les cinq
grandes catégories dudit décret de 1809 qui restent
en vigueur. Cette opinion s'appuie sur l'esprit de
la loi qui, loin d'être dictée par un système d'in-
novation, se réfère au contraire à la législation
antérieure, notamment dans l'art. 148 en disant
que les droits d'octroi *continueront* à n'être im-

posés que sur les objets *destinés à la consommation locale.*

Voyons maintenant comment l'opinion adverse
réfute ces arguments : les cinq catégories, dit-on,
étaient une restriction au droit accordé au Gouvernement par le décret de 1809 d'imposer un
octroi aux communes. La loi de 1816 en rendant
aux communes leurs libertés et la délibération des
octrois a dû faire disparaître en même temps les
entraves apportées au pouvoir discrétionnaire de
l'Empire et restituer aux conseils municipaux le
droit d'imposer tous les objets de consommation.
L'appréciation des objets à soumettre aux taxes
doit être confiée aux communes tout aussi bien
que l'établissement de l'impôt lui-même : c'est ce
qui résulte clairement des termes de l'art. 147 :
« La désignation des objets imposés, etc... seront
délibérés par le conseil municipal. » Quant à l'argument tiré de l'art. 148 nous pouvons le retourner contre nos adversaires. Que dit en effet cette
loi de 1816 ? Que l'octroi qui, depuis sa création a
toujours été un impôt de consommation locale,
continuera à l'être à l'avenir. Mais peut-on en
conclure que toute la législation antérieure reste
en vigueur, et que les catégories sont conservées ?
Pour nous, il demeure évident que l'octroi peut
frapper la généralité des objets de consommation,
la loi de 1816 ayant implicitement abrogé sur ce
point et le décret de 1809 et la loi de frimaire an VII.

7..

L'opinion à laquelle nous nous rangeons fut sanctionnée par la Cour de cassation, dans son arrêt du 18 juillet 1834. Cet arrêt décide que les articles 147 et 148 de la loi de 1816 ne reproduisant pas à l'égard des grains et farines les exceptions portées dans la législation antérieure, la généralité des expressions de la loi nouvelle contient abrogation des dispositions des lois et règlements antérieurs.

Plus tard, cette doctrine fut abandonnée, et deux arrêts décidèrent qu'aucun objet ne pourrait être taxé eu dehors des cinq catégories. (Métiers à filer le coton, arrêt du 2 février 1848; soudes factices, arrêt du 6 décembre 1848, et du 81 juin 1850.)

Depuis 1852, la jurisprudence est fixée dans le premier sens, par les arrêts du 18 février 1852 et 19 juillet 1854.

Le doute, d'ailleurs, n'est plus possible en présence du décret du 12 février 1870 établissant le tarif général des octrois. En effet, le tarif annexé à ce décret renferme non-seulement les objets compris dans les cinq catégories, mais encore d'autres objets mentionnés comme objets *divers*. Et ce tarif n'a rien de limitatif, puisque les conseils municipaux peuvent établir des taxes sur des objets non compris dans le tarif général, à la condition que leurs délibérations soient approuvées par le conseil général, et par le

Gouvernement, le Conseil d'État entendu (1).

Nous pouvons donc poser, en principe, aujourd'hui, que les droits d'octroi peuvent être imposés sur tous les objets destinés à la consommation locale. L'application de ce principe a donné naissance, dans la pratique, à de graves difficultés, soulevées surtout dans les centres manufacturiers. Les industriels ont demandé que les objets qui doivent être consommés dans les usines pour la préparation de produits destinés *au commerce général*, ne fussent pas compris dans les objets de *consommation locale*, et soustraits par suite aux taxes d'octroi. La question s'est posée surtout, avec une importance capitale, pour les houilles et charbons destinés aux usines, pour les soudes et huiles employées pour la fabrication des savons, les sucres servant à la fabrication des liqueurs : tout autant de produits destinés au commerce général. Fallait-il soumettre à l'octroi les matières premières destinées à leur fabrication?

Un premier avis du Conseil d'État en date du 20 mars 1839, faisant droit aux prétentions des manufacturiers, déclara exempts d'octroi les combustibles employés dans les usines de la commune de Dôle, et maintint l'ordonnance royale du 21 juin 1838 qui avait accordé la faculté d'entrepôt à domicile et exemption des droits d'octroi aux com-

---

(1) Circ. int. 23 août 1867.

bustibles introduits dans les limites de la commune et employés dans les usines à la préparation de produits destinés au commerce général. Le Conseil d'État, s'appuyant sur les termes stricts de l'art. 148 de la loi de 1816 déclarait dans les considérants de l'arrêt précité « que les combustibles consommés dans les établissements industriels introduits dans les usines à la préparation de produits destinés au commerce général ne peuvent être rangés dans la classe des objets réservés à la consommation locale. » La Cour de cassation a sanctionné la même doctrine par deux arrêts en date du 27 novembre 1844 et 11 février 1846.

Indiquons brièvement les raisons qui ont servi à combattre cette doctrine et amené la Cour de cassation à se déjuger dans les arrêts du 8 mars 1847, des 20 mai et 6 décembre 1848 et 18 février 1852. On a dit d'abord : l'exception qu'on veut introduire en faveur des houilles et charbons n'existe nulle part dans la loi; la loi autorise l'établissement des taxes sur les objets de consommation locale, sans faire d'exception aucune en faveur des consommations industrielles. De plus, on veut accorder à ces consommations industrielles le bénéfice de l'entrepôt à domicile; mais cette faveur ne peut être accordée qu'à la condition expresse que les matières ainsi introduites en franchises soient réexportées sans altération de leur nature et en même quantité. Le principe même de l'entrepôt et les mesures réglementaires destinées à prévenir la fraude sont exclusifs de toute application à des matières telles que la houille destinée aux usines et dont l'emploi entraîne l'entière destruction.

C'est la première opinion qui a triomphé dans le décret du 12 février 1870. Aux termes de ce décret ne sont soumis à aucuns droits d'octroi les matières employées pour la confection et l'entretien du matériel de l'armée de terre, dans les constructions navales, ou pour la fabrication d'objets servant à la navigation, les combustibles et toutes autres matières embarquées sur les bâtiments de l'État ou du commerce pour être employées en mer (art. 11). Les combustibles employés par l'administration de la guerre pour la fabrication ou l'entretien du matériel de guerre ou pour la fabrication d'objets destinés à être consommés hors du lieu sujet ; de même par la marine militaire et la marine marchande pour la confection d'objets destinés à la navigation ; enfin, ceux qui sont employés dans les établissements industriels pour la préparation ou la fabrication d'objets destinés au commerce général sont affranchis, au moyen de l'entrepôt, du paiement des droits d'octroi (art. 12). Les combustibles et matières destinées au service de l'exploitation des chemins de fer, aux travaux des ateliers et à la confection de la voie, sont affranchis de tous droits d'octroi (art. 13).

Tarifs. — En traitant de l'établissements des octrois nous avons analysé plus haut les règles posées par les lois du 24 juillet 1867 et 10 août 1871 pour la formation des tarifs. Il nous reste à faire connaître les limites que ces lois imposent aux conseils municipaux en cette matière.

Ces limites ont varié avec les diverses lois qui ont régi la matière. La loi de 1816, art. 149, décidait que les droits d'octroi sur les boissons ne pourraient dépasser les droits d'entrée perçus au profit de l'Etat. Toute dérogation reconnue nécessaire à cette règle exigeait une ordonnance royale. La loi du 11 juin 1842 exigea même une loi. Survint le second empire, et le décret du 17 mars 1852 réduisit de moitié les droits d'entrée perçus sur les vins, cidres, poirés et hydromels (art. 14) et ordonna que les taxes d'octroi qui seraient supérieures aux droits d'entrée ainsi réduits seraient ramenées au taux du nouveau tarif dans les trois ans à dater du 1er janvier 1853 (art. 15). On devine le but politique qui avait dicté ce décret. Mais si l'empire y gagnait en popularité, les villes y perdaient une part notable de leurs revenus. Les municipalités montrèrent leurs travaux les plus utiles suspendus faute de ressources, les œuvres de bienfaisance privées de leurs subventions, en un mot le vide produit dans la caisse municipale. Aussi, lors de la discussion du budget de 1855 l'abrogation de l'art. 15 du décret de 1852, demandée par un grand nombre de députés, fut prononcée, et l'amendement proposé devint l'art. 18 de la loi du 22 juin 1854 qui neutralise les effets de la loi politique de 1852. Aux termes de cet article les droits d'octroi sur les vins, cidres, poirés et hydromels ne peuvent être doubles des droits d'entrée déterninés par le tarif annexé au décret du 17 mars 1852 (le décime non compris); dans les communes qui, à raison de leur population, ne sont pas soumises à un droit d'entrée sur les boissons, le droit d'octroi ne peut pas dépasser le double du droit d'entrée déterminé par le décret du 17 mars 1852, pour les villes d'une population de 4,000 âmes. Il ne peut être établi aucune taxe d'octroi supérieure au double du droit d'entrée qu'en vertu d'une loi.

La loi du 31 décembre 1873 décida qu'à moins d'une loi spéciale, les taxes d'octroi sur les vins, cidres, poirés et hydromels ne pourraient excéder de plus d'un tiers les droits d'entrée perçus par le Trésor. Dans les communes de moins de 4,000 âmes, les taxes d'octroi ne pourraient même pas dépasser les droits d'entrée fixés pour les communes de 4,000 à 6,000 âmes.

Enfin la loi (1) du 18 juillet 1880, portant dégrèvement sur les sucres et sur les vins, vint modifier une fois encore ces règles. Dans son art. 3, la

----

(1) *Journal officiel*, 21 juillet 1880.

loi porte que « les droits de circulation et d'entrée actuellement établis sur les vins, cidres, poirés et hydromels, sont réduits d'un tiers et fixés en principal et décimes, conformément au tarif annexé à la loi. »

L'art. 6 ajoute : « A moins qu'une loi spéciale n'en décide autrement, les taxes d'octroi sur les vins, cidres, poirés et hydromels ne peuvent excéder le double des droits d'entrée perçus pour le Trésor public. Dans les communes de moins de 4,000 âmes, les taxes d'octroi peuvent atteindre, mais non pas dépasser la limite fixée pour les communes de 4,000 à 6,000 âmes.

« Dans les communes où les taxes ne sont pas en harmonie avec les dispositions de la présente loi, les tarifs actuels seront révisés à l'expiration de la période pour laquelle ils ont été approuvés.»

Les dispositions ci-dessus de la loi du 13 juillet 1880 sont exécutoires à dater du 1er janvier 1881 (art. 14).

Signalons, en terminant cette matière des tarifs la loi du 10 mai 1846 qui décide que les droits d'octroi sur les bestiaux devront être désormais perçus à raison du poids des animaux, et non plus par tête. Néanmoins la loi autorise à percevoir encore ces mêmes droits par tête, dans les octrois où la taxe sur les bœufs n'excède pas 8 francs (1).

---

(1) Loi du 10 mai 1846, art. 1er.

IV.

PERCEPTION DE L'OCTROI.

Lorsque le tarif est arrêté comme il vient d'être dit, les règlements de l'octroi doivent tracer les limites de son périmètre et toute modification ultérieure à ces règlements et périmètre exigent ensuite une délibération du conseil général (1).

L'art. 152 de la loi du 28 avril 1816 accorde aux grandes villes un droit exorbitant qui s'excuse par la nécessité de restreindre la fraude. Ce droit est celui d'étendre contre leur volonté aux communes qui composent la banlieue de ces villes le rayon de l'octroi. Ajoutons que les recettes effectuées ainsi dans la banlieue appartiennent toujours aux communes qui la composent. On voit ce qu'un tel pouvoir a d'excessif : aussi la loi exige-t-elle d'une part, pour étendre ainsi le rayon de l'octroi, la sanction du gouvernement, et renferme en outre l'exercice de ce droit dans les plus étroites limites. Ainsi il n'existe qu'au profit des grandes villee proprement dites, et le Conseil d'Etat a sévèrement maintenu la loi dans ce sens restrictif. (Arrêt du 23 août 1836. Ville de

____

(1) Loi du 10 août 1871, art. 48.

Mont-de-Marsan.) De plus, pour qu'une commune de la banlieue puisse se voir englobée dans le rayon d'octroi d'une grande ville, il faut que le conseil municipal de cette commune soit préalablement appelé à en délibérer. C'est ce qui résulte de l'art. 10 du décret de 1809 combiné avec l'article 152 de la loi du 28 avril 1816. C'est aussi dans ce sens que le Conseil d'État a tranché la question, en décidant qu'à défaut de délibération du conseil municipal, il y avait lieu d'annuler pour inaccomplissement des formalités légales, le décret approbatif du règlement de l'octroi, dans la disposition par laquelle il approuve la partie du règlement relative à l'établissement de perceptions sur le territoire de la commune (1).

La Cour de cassation a été plusieurs fois appelée à trancher une question soulevée par l'extension du rayon d'un octroi. Il [s'agissait de savoir si les marchandises situées dans la commune englobée, et comprises par suite dans le périmètre ainsi étendu de l'octroi, doivent acquitter les droits. La Cour suprême a décidé que ces marchandises ne peuvent jouir des avantages commerciaux résultant de cette introduction, qu'à la condition de payer l'impôt municipal ainsi qu'elles l'eussent payé avant la mise à exécution du dé-

______

(1) Arrêt du Conseil d'Etat, 28 décembre 1854.

cret qui a étendu les limites de l'octroi (1).

Les règlements d'octroi doivent déterminer les bureaux où la perception s'opérera, et les obligations et formalités particulières à remplir par les redevables, à raison des localités. Ces règlements doivent s'inspirer des règles posées dans l'ordonnance réglementaire du 9 décembre 1814.

Entre autres règles, sur le détail desquelles nous croyons peu utile de nous étendre, l'ordonnance de 1814 portait que les personnes voyageant à pied, à cheval, ou en voiture suspendue, ne pouvaient être arrêtées, questionnées ou visitées sur leurs personnes ou en raison de leurs malles et effets. Cette disposition en ce qui touche les voitures particulières suspendues, a été abrogé d'abord pour la ville de Paris par la loi du 29 mars 1832, et ensuite pour toutes les communes de France ayant un octroi, par la loi du 24 mai 1834; désormais les voitures particulières suspendues sont soumises aux entrées aux mêmes visites que les voitures publiques.

L'art. 30 de l'ordonnance précipitée s'applique donc encore aux piétons et aux cavaliers, quelle que soit la distance qu'ils aient parcouru (2) avant

---

(1) Arrêts de la Cour de cassation, 26 juin 1836; 3 janvier 1855.

(2) Arrêts de la Cour de cassation, 25 août 1827; 22 mars 1834.

la barrière d'octroi. Toutefois lorsqu'un individu est soupçonné de faire la fraude à la faveur de cette exception, l'art. 31 de l'ordonnance de 1814 permet de le conduire devant un officier de police ou devant le maire pour être interrogé et visiter ses effets, s'il y a lieu.

L'établissement des chemins de fer a donné lieu à une difficulté entre la ville de Paris et les chemins de fer d'Orléans et de Saint-Germain. La ville demandait aux compagnies de supporter les frais des services spéciaux d'octroi nécessités par l'introduction des marchandises dans les murs par la voie ferrée. Le Conseil d'État a décidé qu'en l'absence de clause expresse dans le cahier des charges, les concessionnaires ne peuvent être astreints à supporter ces dépenses (1).

Signalons encore un point délicat que l'art. 36 de l'ordonnance de 1814 a tranché. Toute personne qui récolte, prépare ou fabrique, dans l'intérieur d'un lieu sujet, des objets compris au tarif, est tenue d'en faire la déclaration et d'acquitter immédiatement le droit, si elle ne réclame la faculté de l'entrepôt. Les préposés de l'octroi peuvent reconnaître à domicile les quantités récoltées, préparées ou fabriquées, et faire toutes vérifications nécessaires pour prévenir la fraude.

Il peut arriver que des marchandises, pour at-

----

(1) Arrêt du 17 juillet 1843.

teindre leur destination, soient forcées de traver-
ser des localités sujettes à l'octroi. On conçoit
sans peine que ces villes n'aient aucun droit à
percevoir sur ces objets qui ne sont point destinés à la consommation locale, et ne subissent
dans la commune qu'un arrêt passager. Ce principe de toute justice posé dans l'art. 22 de la loi
du 27 frimaire an VIII fut développé dans le décret de 1809 et l'ordonnance de 1814 qui ont tracé
les règles du passe-debout, du transit et de l'entrepôt.

Le *Passe-debout* est le passage non interrompu
par une commune en exemption de droits (1). Le
conducteur d'objets soumis à l'octroi qui veut tra-
verser seulement un lieu sujet ou y séjourner
moins de vingt-quatre heures, est tenu d'en faire la
déclaration au bureau de l'octroi et de se munir d'un
permis de *passe-debout* qui est délivré sur le cautionnement ou la consignation des droits. La restitution des sommes consignées, ainsi que la libération des cautions, s'opèrent au bureau de la sortie (2).

Le *transit* est la faculté de passer par une commune et d'y séjourner suivant les besoins des circonstances (3). En cas de séjour de plus de vingt-

---

(1) Art. 60 du décret de 1809.
(2) Ordonnance de 1814, art. 37.
(3) Décret de 1809, art. 67.

quatre heures dans un lieu sujet à l'octroi, d'objets introduits sur une déclaration de passe-debout, le conducteur est tenu de faire dans ce délai et avant le déchargement, une déclaration de transit avec indication du lieu où les objets seront déposés. Ces objets doivent être représentés aux employés à toute réquisition ; la consignation ou le cautionnement subsistent pendant toute la durée du séjour (1).

L'entrepôt est la faculté donnée à un propriétaire ou à un commerçant de recevoir et d'emmagasiner dans un lieu sujet à l'octroi, sans acquittement du droit, des marchandises qui y sont assujetties et auxquelles est réservée une destination extérieure. Il y a deux espèces d'entrepôts, l'entrepôt réel, l'entrepot fictif. L'entrepôt réel se fait dans un magasin public. L'entrepot fictif est l'admission en franchise dans des magasins, caves et domiciles particuliers (2). Sur la demande des conseils municipaux, les entrepôts à domicile pour les boissons sont supprimés dans les communes sujettes au droit d'entrée ou d'octroi, lorsqu'un entrepôt public a été régulièrement établi (3).

L'entrepôt est toujours illimité. Les règlements

---

(1) Ordonnance de 1814, art. 38.
(2) Décret de 1809, art. 72 et 90.
(3) Loi du 28 juin 1833, art. 9.

locaux doivent déterminer les objets pour lesquels l'entrepôt est accordé. ainsi que les quantités au-dessous desquelles on ne peut l'obtenir (1). Sans entrer dans plus de détails sur les règles nombreuses qui régissent l'entrepôt, bornons-nous à renvoyer à l'ordonnance réglementaire du 9 décembre 1814, art. 42 à 45, et au décret du 12 février 1870, articles 7 à 9.

Il nous reste à indiquer quelle sanction la loi à donné à ces règles de perception. Lorsque la loi du 27 vendémiaire an VII rétablit à Paris le premier octroi, la peine édictée contre la fraude, fut simplement du double droit. La multiplicité des contraventions montra bientôt la nécessité d'une peine plus forte. Aussi la loi du 27 frimaire an VIII prononce-t-elle contre les contrevenants une peine égale à la valeur de l'objet soumis au droit d'octroi (art. 11).

La loi du 28 avril 1816 établit, pour les fraudes commises contre les droits d'entrée dûs au Trésor, des pénalités très rigoureuses que les lois du 29 mars 1832, art. 8 et 24 mai 1834, art. 9 ont rendues applicables à la fraude sur toutes les denrées sujettes aux droits d'octroi, sauf que l'amende n'est que de 100 à 200 francs pour la fraude dans les voitures particulières suspendues. Voici les peines édictées par la loi de 1816. Toute con-

____

(1) Ord. de 1814, art. 41.

travention est punie de la confiscation des boissons saisies et d'une amende de 100 à 200 francs, suivant la gravité des cas. La fraude aux droits d'entrée par voiture suspendue entraîne toujours condamnation à 1000 francs. Dans le cas de fraude par escalade, par souterrain ou à main armée, il est infligé au délinquant une peine correctionnelle de 6 mois de prison, outre l'amende et la confiscation (art. 46).

V.

ADMINISTRATION DES OCTROIS.

Sous le régime du décret de 1809 les communes n'avaient le choix qu'entre trois modes d'administration pour leurs octrois : la régie simple, la régie intéressée, la ferme. Nous avons vu le décret du 8 février 1812 donner à la régie des droits réunis l'administration des octrois. La loi du 8 décembre 1814 la rendit aux villes, mais en leur défendant toute ferme et toute régie intéressée, et en leur laissant la faculté de confier à la régie des droits réunis la perception de l'impôt municipal. La dernière loi sur la matière est la loi de 1816 dont nous avons déjà signalé les libérales dispositions. La plus grande liberté y est laissée aux conseils municipaux pour le mode de

perception des octrois. Ils peuvent choisir entre
les quatre modes suivants : régie simple, régie
intéressée, bail à ferme, abonnement avec les
contributions indirectes. Examinons successivement chacun de ces modes de perception.

1º *Régie simple.* — On donne ce nom à la perception de l'octroi sous l'administration immédiate du maire. Les frais d'exploitation et de
premier établissement sont réglés par les autorités locales et communiqués à l'administration
des contributions indirectes pour être soumis à
l'approbation du ministre des Finances qui ne la
donne qu'après avoir pris l'avis du ministre de
l'Intérieur (1).

2º *Régie intéressée.* — La régie intéressée est
une sorte de contrat *sui generis,* qui tient à la
fois du bail et de la société ; passé entre la commune et un régisseur, à la condition d'un prix
fixe et d'une portion déterminée dans les produits
excédant le prix principal et la somme abonnée
pour les frais (art 104). La somme abandonnée au
régisseur par la ville pour le couvrir des frais de
perception ne doit pas excéder autant que possible 12 pour 0/0 du prix fixe du bail (art. 105).

A la fin de chaque année on procède au partage
des bénéfices. Remarquons toutefois que ce partage n'est que provisoire. Ce n'est qu'à l'expira-

____

(1) Décret de 1809, art. 102 et 103.

8..

tion du bail que dans une sorte de liquidation générale, il est dressé un compte de la totalité des bénéfices pour établir une année moyenne, d'après laquelle la répartition est définitivement arrêtée conformément aux proportions déterminées dans le cahier des charges (art. 106) (1).

3° *Ferme.* — La ferme est l'adjudication pure et simple des produits d'un octroi moyennant un prix convenu, sans partage de bénéfices et sans allocation de frais (2). L'adjudicataire ne peut transférer son droit au bail en tout ou en partie sans le consentement exprès de l'autorité locale, approuvé par le ministre des finances.

Nous devons donner ici quelques règles communes à la régie intéressée et la ferme.

Les adjudications doivent être faites aux enchères publiques par le sous-préfet ou par le maire, pour une durée de trois ans au plus, qui devra prendre fin au 31 décembre. En cas de crainte de collusion, une circulaire ministérielle en date du 6 novembre 1816 permet de faire usage de soumissions cachetées (3).

La loi exige en outre des personnes admises aux enchères des conditions de moralité, de solvabilité et de capacité reconnues par le maire, sauf

---

(1) Décret de 1809, art. 104, 105 et 106.
(2) Décret de 1809, art. 108 et 109.
(3) Id. art. 112, 113, 117, 119.

recours au préfet. Aucune personne attachée à l'administration des contributions indirectes, aux administrations civiles ou aux tribunaux, ayant une surveillance ou juridiction quelconque sur l'octroi, ne peut être adjudicataire ni associé de l'adjudicataire (1).

L'article 135 du décret de 1809 porte que l'adjudication n'est définitive qu'après l'approbation du ministre des finances. La question s'est posée de savoir si cette approbation du ministre était forcément acquise, lorsque l'adjudication était régulière, et se réduisait à un simple visa; ou si la décision par laquelle le ministre des finances refuse d'approuver l'adjudication est un acte purement administratif, pour lequel il jouit d'un pouvoir discrétionnaire et qui par suite n'est pas de nature à être déféré au Conseil d'Etat par la voie contentieuse. C'est cette dernière opinion qui a triomphé devant le Conseil d'Etat, dans l'arrêt du 16 janvier 1828.

Les adjudicataires doivent se conformer pour la perception et pour tout ce qui est relatif à l'octroi aux tarifs et règlements approuvés; ils sont également tenus de se conformer aux lois et règlements concernant les rapports des administrations d'octroi avec la régie des contributions indirectes.

Bornons-nous à renvoyer au décret de 1809 pour

------

(1) Art. 114 et 127.

tout ce qui touché au choix des préposés par l'adjudicataire, à leur destitution, ainsi qu'au cautionnement exigé de l'adjudicataire (1). Ajoutons que le prix du bail se paie de mois en mois et d'avance; que l'adjudicataire ne peut transiger avec les contrevenants que sur l'avis du maire et du préposé des contributions indirectes chargé de la surveillance de l'octroi. En cas d'inexécution des clauses du cahier des charges, la commune peut, après une sommation ou un commandement à l'adjudicataire, provoquer une nouvelle adjudication à sa folle enchère.

Nous devons mentionner ici des difficultés qui peuvent s'élever au sujet de la résiliation du bail. Ainsi une émeute survenue dans la ville empêche la perception des droits pendant plusieurs jours : le Conseil d'Etat a jugé que le fermier de l'octroi ne pouvait être admis à demander la résiliation de son bail, mais avait droit seulement à une indemnité (2). Mais quel sera le montant de cette indemnité, dans le cas spécial où la résiliation du bail résulte de la suppression de l'octroi ? Faudra-t-il appliquer l'article 1746 du Code civil et la commune devra-t-elle au fermier *« le tiers du prix du bail pour tout le temps qui reste à courir ? »* Le Conseil d'Etat a jugé qu'une pareille indemnité

---

(1) Décret de 1809, art. 119, 120, 121, etc.
(2) Arrêt du Conseil, 22 juin 1830.

serait exagérée, attendu qu'on ne saurait appliquer aux baux d'octroi l'article 1746 qui concerne les biens ruraux, dont le bail repose sur des chances de bénéfices plus certaines qu'un bail d'octroi (1).

4° Abonnement avec la régie des contributions indirectes. — Au lieu de traiter avec des particuliers pour la perception de leurs octrois, les communes peuvent traiter de gré à gré avec la régie des contributions indirectes (2). L'ordonnance du 9 décembre 1814 trace les règles à suivre en cette matière. Les maires font leurs propositions que le préfet transmet au directeur des contributions indirectes; puis il les communique, avec les observations de ce dernier, au directeur général qui propose, s'il y a lieu, au ministre des finances d'y donner son approbation.

La convention qui intervient avec la régie et la commune a pour objet de fixer le traitement fixe ou éventuel des préposés ; tous les autres frais sont intégralement acquittés par les communes sur le produit brut des octrois. La conséquence de cette convention est de remettre la perception de l'octroi aux mains des employés ordinaires des contributions indirectes. Notons toutefois que dans les villes où il est nécessaire de conserver des pré-

______

(1) Arrêt du Conseil, 10 février 1816.
(2) Loi du 28 avril 1816, art. 147.

posés affectés spécialement au service de l'octroi,
ces préposés sont encore nommés par le préfet sur
la présentation des maires, et l'avis du directeur
des contributions indirectes. Leurs appointements
sont fixés par la régie ; leur révocation est prononcée, soit sur la demande du maire, soit sur
celle du directeur par le préfet. Les maires conservent, même en cas d'abonnement avec la régie, le
droit de surveillance sur les préposés et celui de
transiger sur les contraventions.

Les receveurs versent le montant de leurs recettes d'octroi dans la caisse municipale, déduction faite des frais de perception fixés par le traité,
et dont ils comptent, comme de leurs autres recettes pour le Trésor (1).

VI.

PERSONNEL DE L'OCTROI.

L'art. 157 de la loi de 1816 porte que toute
commune dont l'octroi produit annuellement
20,000 fr. au moins, peut avoir un préposé en chef
de l'octroi. Ce fonctionnaire, nommé par le ministre des finances sous le régime de 1816 est
nommé par le préfet depuis le décret de dé-

____

(1) Loi du 28 avril 1816, art. 97.

centralisation du 25 mars 1852. (Article 15 n° 6.) Quant aux autres communes, elles ont de simples préposés d'octroi qui ont de tout temps été nommés par le préfet, sur la présentation du maire. Ils peuvent être révoqués sur la demande du directeur général des contributions indirectes.

Le cautionnement des préposés varie suivant l'importance de la ville. Il est fixé au vingt cinquième brut de la recette présumée, sans pouvoir jamais être inférieur à 200 fr.

Les préposés de l'octroi prêtent serment devant le tribunal civil ou le juge de paix du lieu où ils exercent. Le port d'armes leur est accordé comme aux employés des contributions indirectes. Défense expresse leur est faite de se livrer au commerce des objets compris aux tarif.

Les préposés d'octroi étant assimilés par la Cour de cassation aux employés de la régie, il faut leur appliquer cette jurisprudence d'après laquelle les tribunaux ne peuvent déclarer l'existence de détournements avant que les comptes de ces employés aient été vérifiés et arrêtés par l'administration. L'arrêt de la Cour de cassation du 9 janvier 1852 n'a fait qu'appliquer en cette matière le principe fondamental de la séparation des pouvoirs.

VII.

COMPTABILITÉ.

L'ordonnance du 23 juillet 1826 a simplifié les règles sur la comptabilité des octrois. Aux termes de cette ordonnance les receveurs municipaux sont comptables de la totalité des recettes et des dépenses des octrois et en rendent compte aux mêmes époques et dans les mêmes formes que pour les autres recettes et dépenses communales (art. 1er).

Lorsque l'octroi n'est ni affermé ni en régie intéressée, les receveurs municipaux produisent à l'appui de leur gestion, les pièces justificatives du produit brut et des frais de perception. Lorsqu'il est en régie intéressée ils doivent, outre les justifications ordinaires de la recette et des frais, produire, selon le cas, le compte provisoire de fin d'année et le compte définitif de fin de bail des bénéfices partagés avec le régisseur, conformément au décret du 17 mai 1809. Lorsque l'octroi est affermé, le receveur ne doit justifier que des versements dûs et effectués par le fermier, suivant les conditions du bail (art. 3).

Pour le jugement des comptes, nous n'avons

rien à ajouter à ce qui a été dit au chapitre de la comptabilité communale. Rappelons simplement que les comptes sont définitivement apurés par le conseil de préfecture pour les communes dont le revenu n'excède pas 30,000 fr., sauf recours à la Cour des comptes ; et pour les communes qui ont un revenu supérieur à 30,000 francs, les comptes sont apurés par la Cour des comptes (1).

VIII.

RAPPORTS DES OCTROIS AVEC L'ADMINISTRATION DES CONTRIBUTIONS INDIRECTES.

L'ordonnance de 1814 (art. 88) place la perception et l'administration des octrois sous la surveillance de la régie des contributions indirectes et du ministre des finances.

De plus, les préposés des octrois sont tenus d'opérer la perception des droits établis aux entrées des villes au profit du Trésor, lorsque la régie le juge convenable : elle fait exercer relativement à ces perceptions tel genre de contrôle ou de surveillance qu'elle croit nécessaire d'établir (2). Les préposés ont droit pour ce service à des remises sur les droits perçus.

---

(1) Loi du 18 juillet 1857, art. 66.
(2) Loi du 28 avril 1816, art. 154.

Le maire est chargé de répartir le produit de
ces remises entre tous les préposés de la commune. Le Conseil d'État a jugé que le maire a sur
ce point un pouvoir discrétionnaire et que cette
répartition est une opération purement administrative qui ne peut être attaquée par la voie contentieuse (1).

La régie peut aussi commissionner des préposés
spéciaux pour la perception des droits d'entrée,
et la commune doit leur réserver une place dans
les bureaux d'octroi.

Les préposés des octrois sont tenus de concourir au service des contributions indirectes toutes
les fois qu'ils en sont requis sans pouvoir cependant être déplacés de leur poste ordinaire, et de
remettre chaque jour à l'employé en chef des contributions indirectes un relevé des objets frappés
du droit au profit du Trésor qui ont été introduits. Toutefois la Cour de cassation a décidé que
les préposés de l'octroi sont sans qualité pour procéder à la constatation des contraventions en
matière de contributions indirectes hors des limites de la commune où ils sont assermentés (2).

Réciproquement les employés des contributions
indirectes concourent au service des octrois. Ainsi
ils suivent dans l'intérêt des communes comme

---

(1) Arrêt du Conseil, 6 mai 1836.
(2) Arrêt de Cass., 4 juin 1841.

dans celui du Trésor les exercices dans l'intérieur du lieu sujet, chez les entrepôsitaires de boissons et chez les brasseurs et distillateurs. Il est tenu compte par l'octroi à la régie des contributions indirectes de partie des dépenses occasionnées par ces exercices.

Un arrêt du Conseil d'État a décidé que cette contribution dans les dépenses ne peut être considérée comme un des prélèvements interdits par la loi de 1816 (art. 153), mais comme le remboursement des frais nécessaires pour obtenir cette perception (1).

Ajoutons, en terminant, que les employés des contributions indirectes doivent aussi rapporter procès-verbal pour les fraudes et contraventions aux droits d'octroi qu'ils découvrent (2).

IX.

CONTENTIEUX.

La compétence en matière d'octroi varie suivant qu'il s'agit de prononcer sur une contravention, ou de trancher les contestations qui peuvent s'élever sur l'administration ou la perception des

______

(1) Arrêt du Conseil, 14 juillet 1819.
(2) Ord. de 1814, art. 92.

octrois. Dans le premier cas, la compétence est judiciaire; elle est administrative dans le second.

1° La *compétence judiciaire* se partage entre les tribunaux de police correctionnelle et les tribunaux de simple police.

Les tribunaux de police correctionnelle ont une compétence exclusive pour prononcer sur les contraventions en matière d'octroi; elle exclut même celle des conseils de guerre pour les militaires présents à leurs corps (1).

Les contraventions sont constatées par des procès-verbaux qui doivent être affirmés devant le juge de paix dans les vingt-quatre heures de leur date à peine de nullité, et qui font foi jusqu'à inscription de faux (2).

Tout objet sujet à l'octroi introduit sans être déclaré ou sur déclaration fausse ou inexacte, peut être saisi. La Cour de cassation a même décidé que des objets introduits en fraude de droits d'octroi peuvent être saisis plusieurs heures après que leur introduction a eu lieu à la vue des préposés, sur une déclaration incomplète et sans visite de leur part (3). La saisie porte non-seulement sur les denrées introduites sans déclaration, mais même sur les voitures, chevaux et autres objets

---

(1) Cassation, 23 août 1843.
(2) Loi du 27 frimaire an VIII, art. 8.
(3) Cassation 29 avril 1843.

servant au transport, à défaut par le contrevenant
de consigner le maximum de l'amende ou de donner une caution solvable (1).

Le maire jouit, sous l'approbation du préfet,
d'une attribution importante ; je veux parler du
droit de faire remise, par voie de transaction, de la
totalité ou de partie des condamnations encourues, même après le jugement rendu. Toutes les
fois que la saisie a été opérée dans l'intérêt commun des droits d'octroi et des droits imposés au
profit du Trésor, le droit de transiger n'appartient
plus au maire ; il est le partage exclusif de la régie des contributions indirectes.

La loi du 19 juillet 1880, dans son art. 12, décide
que les employés n'ont aucun droit au partage du
produit net des amendes et confiscations prononcées pour contraventions aux art. 8, 9 et 10 de la-
dite loi. L'art. 84 de l'ordonnance de 1814 est par
conséquent abrogé.

Il importe de remarquer qu'en matière d'octrois,
comme en matière de contributions indirectes, on
ne distingue pas l'action publique de l'action privée ; elles se confondent et n'en forment qu'une
seule. Le ministère public n'a plus ici l'exercice de
l'action publique ; l'art. 1er du Code d'instr. criminelle ne déroge nullement aux règles particulières

______

(1) Loi 28 avril 1816. — L. 29 mars 1832. — Loi, 24 mai
1834.

posées dans les art. 83 et 84 de l'ordonnance de 1814; d'où il résulte que l'administration des octrois est maîtresse absolue de l'action publique, l'exerce dans l'intérêt de la perception dont elle est chargée, et peut en suspendre l'effet en tout état de cause, au moyen de transactions dont elle est l'arbitre (1).

Nous avons dit que la compétence en matière d'octroi se partageait entre les tribunaux correctionnels et ceux de simple police. C'est en effet devant le juge de paix que sont portées les contestations civiles qui peuvent s'élever sur l'application du tarif ou sur la quotité des droits exigés par les receveurs (2).

Il importe de fixer exactement les limites de la compétence respective du juge de paix et de l'autorité administrative. Le juge de paix est compétent pour les difficultés qui s'élèvent entre la commune ou le fermier d'une part, et les redevables de l'autre. Il est cependant certains cas où le Conseil d'État a reconnu l'administration municipale compétente, bien qu'il s'agît de contestations entre les redevables et la commune ou son fermier. Ces cas sont ceux où le maire, en vertu de règlements locaux, prononce sur des contestations relatives à l'admission à l'entrepôt. Il exerce en effet dans ce

---

(1) Cassation, 29 août 1826 et 12 août 1853.
(2) Ord., 9 décembre 1814, art. 81.

cas une attribution parfaitement légale; il ne s'agit pas dans l'espèce d'une contestation relative à l'application du tarif ou à la quotité des droits d'octroi, c'est seulement une mesure administrative concernant les entrepôts (1).

Tout conducteur d'objets compris au tarif n'est admis à produire sa réclamation devant le juge de paix, que s'il ne présente la quittance des droits exigés qu'il a dû consigner entre les mains du receveur.

Quant à la commune, il a été maintes fois jugé que, pour plaider en matière de recouvrement d'octroi, elle n'avait nul besoin de l'autorisation du conseil de préfecture. La Cour de cassation a décidé qu'on ne saurait appliquer les articles 49, 51 et 54 de la loi du 18 juillet 1837 à une matière régie par une législation spéciale (2).

2° *Compétence administrative.* — Aux termes du décret de 1809 (art. 136) les contestations qui peuvent s'élever sur l'administration ou la perception des octrois en régie intéressée, entre les communes et les régisseurs de ces établissements, sont déférées au préfet qui statue en conseil de préfecture, sauf recours au Conseil d'Etat. Il en est de même des contestations qui peuvent s'élever entre les communes et les fermiers des octrois

---

(1) Arrêt du Conseil, 15 août 1834.
(2) Cassation, 26 juin 1856, 2 février et 20 mai 1848.

sur le sens des clauses des baux. Toutes les autres contestations qui peuvent s'élever entre la commune et le fermier de l'octroi sont portées devant les tribunaux. Cet article 136 du décret de 1809 créait une anomalie en confiant au préfet et non au conseil de préfecture la décision dans une matière contentieuse. La loi du 21 juin 1865 a modifié cette situation étrange en transférant au conseil de préfecture le jugement de toutes les affaires qui étaient jusque-là déférées aux préfets en conseil de préfecture, sauf recours au Conseil d'Etat.

Au sujet de l'étendue de cette compétence administrative des difficultés ont été soulevées et plusieurs systèmes ont été émis sur la portée de ces mots « le sens des clauses du bail ». Sans entrer dans la discussion de ces divers systèmes, résumons simplement l'état de la jurisprudence sur ce point.

Le Conseil d'État, dans un certain nombre d'arrêts, a consacré la doctrine suivante : Pour toutes les contestations survenues entre la commune et les régisseurs intéressés, la compétence est exclusivement administrative. Pour les fermiers, il y a lieu tantôt à la compétence judiciaire, tantôt à la compétence administrative. S'agit-il de fixer la quotité d'une indemnité dont la commune se reconnaît débitrice en vertu des clauses non contestée du bail? Les tribunaux seront compétents. S'agit-il de mettre fin à une contestation sur l'interprétation des clauses du bail, c'est au conseil de préfecture qu'il appartient de trancher le différend. C'est ce que nous trouvons formulé dans les considérants de plusieurs arrêts du conseil, où la compétence du conseil de préfecture a été motivée sur ce qu'il s'agissait *« d'une contestation portant sur le sens des clauses du bail* (1). »

En 1851 le tribunal des conflits a décidé de même que lorsque le droit a une indemnité n'est pas contesté, c'est à l'autorité judiciaire qu'il appartient de fixer la quotité de l'indemnité à payer par la commune au fermier de l'octroi (2).

La Cour de cassation a jugé, dans un arrêt du 7 avril 1835 que l'autorité judiciaire est compétenc pour statuer sur une demande en indemnité formée contre la commune par un fermier ; à moins que, pour évaluer l'indemnité réclamée, il ne soit nécessaire d'interpréter le bail administratif : auquel cas l'autorité judiciaire cesse d'être compétente et doit surseoir jusqu'à ce que l'autorité administrative ait déterminé le véritable sens du bail.

Les règles de compétence que nous venons d'ex-

---

(1) Arrêts du Conseil, 9 décembre 1831 ; 22 juin 1836 ; 12 avril 1829 et 9 mars 1832 ; 17 septembre 1838.

(2) Tribunal des conflits, 8 novembre 1851.

posons sont indépendantes des règlements locaux.
Le Conseil d'État a déclaré, en effet, dans un arrêt du 9 mars 1832, qu'on ne peut déroger par des
conventions aux lois et règlements sur la compétence, qui sont d'ordre public.

La même doctrine a été consacrée le 8 novembre
1851 par une jugement du tribunal des conflits.

CHAPITRE III.

SUPPRESSION ET REMPLACEMENT DES OCTROIS.

Objections et griefs contre les octrois; nature et inconvénient de ces taxes. — Arguments présentés pour leur
défense. — Examen de quelques projets de remplacement des octrois. — Législations étrangères. — Conclusion.

I.

OBJECTIONS ET GRIEFS CONTRE LES OCTROIS.

Nous avons exposé dans le chapitre précédent
les règles qui régissent la matière des octrois au
point de vue administratif. Si restreint que soit le
cadre de cette étude, nous devons dire quelques
mots du courant considérable d'opinion qui s'est
établi depuis bientôt trente ans vers la réforme
du régime des octrois. La tendance la plus générale
poussant à leur supression absolue, nous de-
vrons étudier d'abord la nature et les inconvénients de ces taxes indirectes, condamnées non-

seulement par le contribuable des grandes villes, mais par les économistes les plus sérieux.

Nous n'en sommes plus toutefois à discuter, comme le faisait M. Barillon en 1841, le plus ou moins de justice de cet impôt. « Parce que, dans l'intérêt industriel, commercial et agricole du pays, des citoyens se réunissent et forment des agglomérations urbaines, est-il juste, a-t-on dit, qu'ils payent le vin, la viande et le bois beaucoup plus cher que ceux réunis en nombre moindre ? » La question ne se pose plus ainsi aujourd'hui. Il est reconnu que toute agglomération considérable de citoyens développé dans ce milieu des besoins communs, des intérêts nouveaux qui sont la condition même de son existence. Il est non moins évident que tout citoyen vivant dans cette agglomération, jouit d'avantages auxquels reste étranger l'habitant d'un groupe moins considérable. Il est donc de toute justice que ces charges soient supportées par ceux qui bénéficient de ces avantages. Méconnaître cette vérité si simple ne servirait à rien : je n'en veux pour preuve que le décret du 18 avril 1848. Sous la pression des idées du moment, la ville de Paris fut forcée de supprimer les droits d'octroi sur la viande de boucherie ; et le ministre des finances fut autorisé à appliquer la même mesure, dans le plus bref délai, aux villes des départements. Comme en 1791, le gouvernement provisoire n'avait oublié qu'une chose :

suppléer par un autre moyen financier à la supression de ces taxes. Aussi le décret du 18 février
n'eut-il aucune suite et fut rapporté peu de temps
après. (Loi du 30 août 1848).

Nous aurons donc à nous demander d'abord :
L'octroi est-il une taxe contraire aux vrais principes de l'économie publique qu'on peut être condamné à subir par des difficultés d'administration, mais dont il faut désirer la disparition gra-
duelle ?

L'octroi est-il au contraire une taxe communale naturelle, ne présentant pas d'autres et plus
sérieux inconvénients que tous les autres impots
et dont le maintien est un principe admissible,
pourvu qu'il soit contenu dans les sages limites
au-delà desquelles tout impot perd son vrai caractère et devient abusif ?

Dans le cas où la suppression des octrois serait
reconnue utile, nous aurons à rechercher quel serait le meilleur procédé financier qui permit de
combler dans les ressources municipales le vide
produit par cette suppression.

Avant de parcourir les différentes solutions proposées, examinons les griefs qui ont créé contre
les octrois ce courant d'impopularité, et les feront
condamner bientôt sans appel. Parmi ces griefs,
il en est qui ne sont pas particuliers aux droits
d'octroi : on les adresse à toutes les contributions
indirectes, dont ils se rapprochent sensiblement.

.En effet l'octroi municipal a une grande affi-
nité avec le droit d'entrée : toutefois il importe
d'établir entre ces deux taxes une distinction bien
nette. Le droit d'entrée est restreint aux seules
boissons; l'octroi porte en outre sur diverses classes de denrées et de marchandises; d'autre part, le
droit d'entrée est déterminé par la population, et
le droit d'octroi par les besoins de la commune :
l'un est purement fiscal, l'autre purement municipal. D'où il résulte que le droit d'entrée ne peut
varier puisqu'il fait partie de l'impot voté par le
pouvoir législatif; l'octroi au contraire variant
pour chaque commune, est régi par des règlements propres dont les conseils municipaux sont
les seuls juges, dans les limites fixées par les lois
générales sur la matière et les intérêts·du trésor.
Il importe donc de distinguer non-seulement les
deux taxes, mais les législations différentes qui
les régissent.

Quels sont donc les reproches qu'on peut adresser en commun aux octrois et aux contributions
indirectes? Disons tout d'abord, et cela seul suffirait à les condamner que, s'ils sont toujours pro-
portionnels à la quantité des marchandises, il est
à peu près impossible qu'ils le soient également à
la qualité et à la valeur : on arrive ainsi à une
sorte de capitation qui pèse sur le contribuable
sans tenir assez de compte des différences de fortune.

De plus les contributions indirectes ont le défaut grave de porter non-seulement sur les objets de luxe, mais sur ceux de première nécessité : on pourrait même dire de préférence sur ces derniers; car ce sont ceux qui alimentent le plus la consommation et donnent par suite les plus forts produits. Or, comme le fait observer Ricardo, tout impot, qu'il porte sur les choses de nécessité ou de luxe, tant que la valeur de la monnaie reste la même, a toujours pour conséquence d'en faire hausser le prix d'une somme au moins égale à celle de l'impot. De là le grave reproche que nous adressons aux contributions indirectes.

Abordons maintenant les griefs spécialement relevés contre les octrois (1). Parmi les plus sé-

---

(1) La plupart des publicistes s'accordent à demander la suppression des octrois, il nous semble indispensable de faire connaître par quelques chiffres, l'importance de cet impôt et la place qu'il occupe dans le budget des communes : nous pourrons alors rechercher en connaissance de cause le meilleur procédé pour combler ce déficit considérable dans les finances des villes.

En 1830 des droits d'octroi étaient établis dans 1,508 communes, leur produit total était de 67 millions (Chabrol, *Rapport sur l'administration des finances*, mars 1830). D'après M. Bocher (*Rapport à l'Assemblée législative* en 1851) le produit des octrois était, en 1847 de 88,612,207 fr. Les boissons figuraient dans ce chiffre pour plus de 36 millions et la viande pour 24 millions. Après la Révolution de 1848 ce chiffre baissa. En 1850, il était remonté à 95,176,602 fr. répartis entre 1,436 octrois.

L'octroi de Paris a donné en 1850 un revenu de 37,293,286 f.

rieux, il faut ranger le reproche qu'on leur adresse d'établir au milieu de l'Etat de véritables douanes : ce sont les *traites intérieures* de l'ancien régime que l'édit de 1664 avait supprimées, et leur rétablissement a détruit l'œuvre si péniblement poursuivie par Colbert et Turgot, et accomplie par la Constituante, c'est-à-dire l'unification du territoire et la suppression des barrières intérieures des villes. Les octrois en effet frappent un impôt au profit exclusif de 1536 communes sur 35,989. Et les marchandises qui ont franchi librement notre frontière pour se diriger vers le consommateur ou le manufacturier, sont entravées dans leur liberté de circulation dès qu'elles ren-

---

En 1862 il rendait 80,764,531 fr., peu après l'annexion des communes rurales englobées dans le mur d'enceinte.

A cette même époque le produit brut des octrois était de 157 millions pour les communes des départements et pour Paris. En 1875, le produit des octrois s'élevait à 235 millions, pour 1526 communes, (Paris compris), sujettes à l'octroi. Une population de 10 millions et demi, c'est-à-dire, le tiers environ de la population, est soumise à ces taxes particulières de consommations.

Le produit de l'octroi est presque 5 fois aussi considérables en 1875 qu'en 1823 : De 44 millions il est monté en effet à 225 millions. La population soumise à l'octroi augmentant aussi, la charge par tête n'a pas tout à fait doublé : elle était en 1875 de 22 fr. 43 c. en moyenne, ce qui donne pour une famille de quatre personnes 90 fr. par an. A Paris cette charge est considérablement accrue : en 1875 elle était en moyenne de 52 fr. 24 c. par tête, soit 237 fr. pour une famille de quatre personnes. Il résulte des chif-

contient sur leur route ces communes pourvues
d'octroi. Il est même telle commune où l'octroi
présente tous les caractères de la douane, on y
surtaxe en effet les produits étrangers dans l'intérêt des produits locaux; par exemple dans le
midi où l'on surtaxe les bières pour protéger les
vins. C'est là une dérogation grave au principe de
la liberté du commerce, et fatale à la prospérité
du pays. C'est une vérité déjà vieille, car le préambule de l'édit 1664 reconnaissait déjà, dans la suppression de ces droits « le moyen le plus essentiel
pour le rétablissement du commerce (1) ».

Nous adresserons aux octrois cet autre reproche

---

fres produits par M. Leroy Beaulieu, dans son *Traité des
finances*, qu'à Paris, un ouvrier paie, en moyenne, 35 fr.
à l'octroi pour les boissons ou liquides de consommation
usuelle; 15 fr. 50 c. pour les autres comestibles, combustibles, etc.; c'est par conséquent 47 fr. 50 c. d'impôt qu'il ac-
quitte sur les objets de consommation, sans compter tous
les autres impôts généraux et locaux.

Sur un budget de 227 millions, en 1879, la ville de Paris
trouve dans son octroi une somme de 126 millions.

Aujourd'hui le produit des octrois dans toute la France
peut être évalué à 240 millions environ. Ils fournissent à
Paris les 4/5 des ressources municipales: et constituent
dans le reste de la France le tiers au moins du revenu des
communes. On voit par l'importance de ces chiffres quelles difficultés présentent la réforme des octrois. Mais le
poids écrasant de ces taxes démontre aussi l'urgence de
leur suppression.

(1) Préambule de l'Édit portant abolition ou réduction
des droits de traite et autres, 1664.

d'être proportionnel aux besoins les plus impérieux de la vie et non aux facultés du contribuable
ce qui constitue une dérogation formelle au principe que l'impôt doit être proportionnel aux facultés de chacun.

L'octroi a cet effet malheureux d'augmenter la
cherté des denrées nécessaires à la vie, et par
suite pèse lourdement sur les classes pauvres sur
qui retombe le poids principal de cet impôt. Il est
en effet progressif, mais il l'est a-t-on dit, *à re-
bours*. Car au lieu de frapper en raison des facultés il frappe en raison des besoins. C'est l'égalité
a-t-on dit : mais cette égalité est ici une injustice, car elle taxe le *nécessaire* également, dans
la famille où le nécessaire constitue tout le revenu
comme dans celle où il ne représente que le 10°,
le 20° ou le 100° de la dépense annuelle (1).

L'octroi, en renchérissant la vie de l'ouvrier,
impose une élévation de salaire qui, diminuant
les ressources du manufacturier, réduit dans la
même mesure le chiffre de ses affaires et entrave
par cela même le développement de l'industrie.

Au point de vue de l'intérêt capital de l'agriculture, l'octroi a des effets tout aussi nuisibles

---

(1) L'influence des octrois sur le prix des denrées ressort nettement de ce fait : la taxe qui dans certaines localités s'élève à peine à quelques centimes par tête d'habitant
atteint 25 fr. par tête à Marseille, et plus de 40 fr. à Paris :
un tel chiffre se passe de commentaires.

et contraires aux principes de l'économie politique. Il pèse en effet pour la plus notable part
sur les produits agricoles (viande, vin, combus-
tible). La taxe qui entre dans le prix, ou se prélève sur le producteur et diminue ses profits ; ou
s'ajoutant au prix, l'élève et par suite diminue
la consommation. Cette influence est surtout
sensible sur les vignobles. Il résulte du travail
déjà cité de M. Barillon, donnant un tableau de
la consommation des vins à Bordeaux, Lyon,
Grenoble, Toulouse, que la consommation décroit
en raison inverse de l'élévation des tarifs.

De plus l'octroi empêche le consommateur de
bénéficier de l'abaissement de prix qui devrait
résulter d'une bonne récolte : car, que le prix s'é-
lève ou s'abaisse que la rareté se fasse ou que l'a-
bondance survienne, la taxe d'octroi toujours uni-
forme nuit à l'écoulement que le bon marché favo-
riserait.

Ajoutons que l'agriculture est gênée encore
dans ses rapports avec les marchés des villes qui
sont pour les communes rurales le débouché à peu
près unique de leurs produits. En effet, les formalités qu'il faut remplir, le droit qu'il faut payer,
et le danger presque inévitable des contraventions
sont autant d'entraves au développement de notre
agriculture.

Sans vouloir attacher trop d'importance à l'objection morale présentée contre les octrois, on doit

reconnaître que c'est un impôt **vexatoire** et in-
commode pour le voyageur soumis à des perqui-
sitions, quelquefois même à des visites personnelles. Du désir de se soustraire à ces mesures
vexatoires, naît la pratique de la fraude, transformée souvent en une véritable industrie. Cette
habitude de ruser avec la loi et de la violer n'est
certes pas à encourager parmi les classes commer-
çantes et agricoles.

Une dernière et très forte objection contre l'octroi c'est la difficulté grande que présente son
recouvrement. Les frais de perception sont éva-
lués, en effet, au dixième du produit brut, proportion qui correspond au prix des abonnements
consentis avec la régis, par un assez grand nombre
de villes et qui est un peu supérieure à celle des
frais de perception, avancés pour les contributions
indirectes perçues au profit de l'État. Ce résultat
n'a rien qui surprenne, si l'on remarque que les
frais croissent en raison directe du peu d'étendue
des localités sujettes : ce sont donc les plus petites
villes où l'octroi coûte le plus cher; les frais qui,
à Paris, n'atteignent pas le 5 0/0, dépassent le
13 0/0 dans le reste de la France. En Belgique
l'octroi coûtait jadis jusqu'à 23 0/0 de frais de perception. On ne saurait se refuser à admettre qu'un
impôt est mauvais dont le recouvrement absorbe
des sommes aussi considérables (1).

____

(1) A l'appui de notre thèse, citons quelques chiffres :

Il est faux d'ailleurs de dire que les finances communales soient fatalement liées à la conservation de cet impôt. D'une part, il n'existe pas et n'a jamais existé dans certains pays où la vie communale s'est développée pourtant avec une intensité grande. Nous étudierons bientôt d'autre part les taxes communales et divers procédés financiers, qui, dans les différents pays de l'Europe remplacent avantageusement les taxes d'octroi. L'exemple de la Belgique nous sera dans cette étude, d'un grand enseignement, grâce à la longue étude théorique qui a précédé chez nos voisins la loi du 18 juillet 1860 ; et grâce aussi au travail de M. Anspach, bourgmestre de Bruxelles, reproduit dans le compte-rendu de l'enquête agricole en 1869, où cet éminent magistrat déclarait avec l'autorité qui s'attache à sa haute expérience que « l'abolition des octrois a constitué pour le pays un bien-être important, un progrès réel pour le développement de la richesse et la facilité des transactions. »

Mais de tous les griefs contre les octrois, celui qui est le plus propre à faire impression sur le Parlement appelé à juger cette grosse question

---

Les frais de perception des octrois, comparés aux recettes donnent le rapport suivant : Aube : 20, 7 0/0 ; — Orne : 17 0/0 ; Puy-de-Dôme : 16, 6 0/0 ; Gironde : 15, 9 0/0 ; etc. Dans 29 départements, ces frais dépassent le 12 0/0. — On n'en compte que 32 où ces frais soient inférieurs à 10 0/0.

économique, c'est celui, d'ordre tout politique, qui consiste à montrer l'octroi pesant lourdement sur les classes pauvres, rendant plus dure la condition des ouvriers, qui vont forcément chercher de travail où il se trouve, dans les villes; amenant par suite, de continuelles demandes d'augmentation de salaires : de telle sorte qu'il revient à l'octroi une certaine part dans ces grèves, trop souvent envenimées par des agissements politiques, périodes de paralysie commerciale aussi désastreuses pour les familles ouvrières, que compromettantes pour la tranquillité de l'Etat.

Si difficile que soit à établir d'une façon rigoureuse la capitation de la taxe municipale, nous avons vu à quel chiffre élevé elle atteint dans certaines villes. Ce chiffre s'explique sans peine, si l'on songe qu'aux taxes perçues sur les objets de consommation locale. les villes ont le droit depuis la loi de 1816 d'ajouter des taxes additionnelles destinées à remplacer le droit de détail sur les boissons. Les villes peuvent remplacer leur contribution mobilière soit en totalité, soit en partie par une augmentation de leur octroi (1). Nous sommes toutefois forcé de reconnaître que cette dernière augmentation dans les octrois, loin d'être aussi onéreuse que les précédentes aux classes pauvres, tourne à leur avantage; dans quelques

____

(1) Loi du 21 avril 1832, art. 20.

grandes villes en effet il est prélevé sur les octrois une somme suffisante pour exonérer les petits loyers (ceux inférieurs à 400 fr. à Paris) de la contribution mobilière.

Tous ces reproches que nous adressons aux octrois nous les trouvons déjà formulés en 1766 par Turgot alors simple intendant du Limousin. Voici ce qu'il écrivait au contrôleur-général Bertin : « .....L'impôt sur les consommations est dispendieux dans sa perception. Il entraîne une foule de gênes, de procès, de fraudes, de condamnations, la perte d'un grand nombre d'hommes, une guerre du Gouvernement avec les sujets, une disproportion entre le crime et les peines, une tentation continuelle à la fraude.

« Il attaque, en mille choses, la liberté.

« Il nuit beaucoup à la consommation et par là se détruit lui-même. »

« On croit, par ces droits d'entrée, faire payer les villes, et c'est en réalité faire payer les campagnes qui produisent les objets taxés.

Quelques années après c'est à l'abbé Terray qu'il écrivait : « ..... Je ne vous dissimulerai pas que ces droits sur les octrois me paraissent un mal en eux-mêmes. » Et le futur contrôleur-général, fidèle aux prédilections des Physiocrates pour le revenu de la terre, conclut, dans l'intérêt des campagnes, « qu'il vaudrait beaucoup mieux supprimer entièrement ces taxes que de les réformer. »

Telle était l'opinion d'un des meilleurs administrateurs qu'ait connu la France. C'était aussi celle du Comité des impositions de 1791, qui conviait, par l'organe du duc de Larochefoucauld, les législateurs de l'avenir à « ramener successivement le système des contributions à la simplicité et à la clarté qui doivent caractériser l'administration d'un peuple libre. » Tels étaient les vues de ces hommes aussi éclairés que désintéressés sur ces matières. La seule faute de la Constituante, lors du décret de 1791, fut de prononcer l'abolition des octrois à date fixe, sans avoir préalablement complété l'ensemble des contributions destinées à en remplacer les ressources. Le Gouvernement de 1848 fut entraîné par l'opinion publique vers la même faute. Aujourd'hui nos législateurs marcheront dans la même voie, en évitant cet écueil, mais en suivant les vrais principes posés en 1791.

En abritant ce réquisitoire contre l'octroi derrière les grands noms de Colbert et de Turgot, de Dupont de Nemours, de Duport, de Talleyrand, et de bon nombre d'économistes modernes (1), nous croyons pouvoir conclure, sans trop de témérité, à la suppression radicale, et au remplacement des octrois.

____

(1) V. Leroy-Beaulieu, *Traité de la science des finances*, page 706, T. 1.

11

ARGUMENTS PRÉSENTÉS POUR JUSTIFIER LE MAINTIEN DES OCTROIS.

Avant d'aborder l'examen des divers projets de remplacement des octrois, parcourons les arguments sur lesquels s'appuient les partisans de ces taxes, pour en demander le maintien.

Et tout d'abord réduisons à sa juste valeur ce moyen de défense qui consiste à nous dire, avec *L'esprit des lois* : « les droits sur les marchandises sont ceux que les peuples sentent le moins parce qu'on ne leur fait pas une demande formelle. Ils peuvent être si sagement ménagés que le peuple ignorera presque qu'il les paye. » Cette opinion, universellement acceptée sur la foi de Montesquieu, pourrait être vraie pour une taxe légère et en rapport avec la valeur de la marchandise. Mais ne serait-ce pas prêter des illusions bien naïves au contribuable de nos jours, lorsque les droits d'octroi doublent le prix de revient d'une marchandise, comme il arrive pour les vins à Paris, de supposer que ce contribuable sentira moins le poids écrasant de cette taxe, parce que ce sera le producteur ou l'intermédiaire qui aura acquitté les droits et « qu'il ne lui sera pas fait, à lui, de demande formelle? » La vérité est que les droits d'octroi retombent lourdement sur le consommateur et que ce seul mérite qu'on semblait leur faire d'être les plus faciles à demander au peuple, doit encore leur être refusé.

Supprimer l'octroi, nous dit-on, c'est porter la main sur une institution qui compte chez nous plus de cinq siècles d'existence, et que l'expérience de l'antiquité avait déjà consacrée. Qu'on nous permette de répondre que pour remonter à l'antiquité et au municipe romain, l'octroi n'en est pas moins un impôt mauvais. L'ancienneté, en matière de science, est un fait, non une justification; on pourrait dire une présomption presque toujours défavorable. L'antiquité a toujours débuté par le faux et le compliqué, non par le vrai et le simple. Qu'on nous permette donc d'abandonner, sans respect pour ces longs siècles qu'on invoque, l'ornière où l'on veut maintenir la commune, au nom des traditions anciennes. Pascal n'a-t-il pas dit : « C'est nous qui sommes les anciens, car nous avons l'expérience de ceux qui nous ont précédé. »

Mais, nous dit-on encore, l'octroi est une forme d'impôt universellement admise : s'il était mauvais, comment admettre qu'il soit si répandu ? A quoi nous répondrons qu'un pareil argument n'aurait jamais que la valeur d'un fait. Le *consensus populorum* ne saurait constituer une preuve

en matière de finance et d'ailleurs l'octroi est-il
donc d'un usage si universel? Qu'est-ce en effet
qu'une universalité d'où il faut exclure les Etats-
Unis, l'Angleterre, la Belgique, les Pays-Bas,
l'Allemagne, etc.? Croit-on que si l'octroi était
une forme d'impôt aussi excellente que nos adversaires veulent bien le dire, l'Angleterre qui demande chaque année plus de 600 millions à sa
douane et près de 150 millions à son accise, n'aurait pas depuis longtemps substitué l'octroi à ses
mille taxes locales?

Nos adversaires s'écrient : Vous allez tarir les
ressources de nos villes, vous mettez la commune
dans la main du gouvernement et détruisez à
jamais son autonomie! Sans vouloir nier les bienfaits de la décentralisation, ni l'importance qu'aurait pour les intérêts communaux une organisation indépendante et autonome, nous estimons
que l'intérêt, on peut dire la vie matérielle et morale de la classe ouvrière, majorité écrasante dans
la population des villes, doit peser d'un poids bien
plus lourd dans la balance que les velléités d'indépendance de tel ou tel conseil municipal. Périssent
tous les rêves d'autonomie communale, si leur
ruine peut améliorer, dans la plus faible mesure,
le sort des deshérités de notre régime social.

D'ailleurs les projets mis en avant pour faire
disparaître les octrois, demandent non pas leur
suppression mais leur *remplacement*. Les finances

communales ne seront donc pas taries par cette
mesure. La commune pourra y perdre, il est vrai,
en partie, son droit de vôte de l'impôt municipal.
Mais cette faible atteinte portée sur un point unique à son autonomie suffit-elle pour prédire sa
ruine? Devons-nous, une fois l'octroi supprimé,
voir la commune moderne glisser sur la même
pente fatale où nous avons vu la centralisation
romaine pousser les municipes jusqu'à une décadence pareille? Nous ne saurions l'admettre.

Nous ne saurions admettre davantage l'objection qui consiste à nous accuser d'enlever aux citoyens le vote de l'impôt, et de restreindre le suf-
frage universel. Pour tout esprit politique, il est
constant que la souveraineté du peuple n'est atteinte en aucune façon par le projet de suppression
des octrois. La commune est en tutelle pour l'octroi comme pour une foule d'autres matières. Les
bienfaits de la tutelle administrative sont à coup
sûr discutables parfois: mais, sur ce point, il est
hors de doute pour nous que le vote de l'impôt
doive rester avant tout le partage de la puissance
législative déléguée à la Chambre des députés.

Les partisans de l'octroi nous disent : il n'est
pas exact de taxer d'injustice l'octroi, comme
étant proportionnel aux besoins et non aux facultés du contribuable. Cet impôt, disent-ils, est proportionnel aux avantages que chaque contribuable retire des divers services municipaux soldés

par les octrois : cet impôt se transforme ainsi, dans de justes proportions, pour chacun, en services rendus, en jouissance procurée, en sécurité assurée. On est allé jusqu'à dire que, par l'incidence des taxes municipales, la classe la plus épargnée était la classe ouvrière. « Si les classes peu aisées participent à la charge de l'octroi, elles n'y participent pas dans la proportion du bénéfice qu'elles retirent de son produit, et son abolition, loin d'être pour elles un bienfait, serait une source de dommages matériels et moraux (1). » Cette assertion est-elle bien exacte? Il suffit, pour se persuader du contraire, d'examiner les principales de nos villes et de voir quelle part de bien-être en advient à la classe nombreuse des ouvriers et petits rentiers qui sont les premiers intéressés dans notre question.

La caisse municipale pourvoit d'abord à sa propre administration et à la gestion des biens de la commune. Elle paie les agents de police, subventionne les bureaux de bienfaisance, les hôpitaux et les sociétés de secours mutuels, les écoles communales et les collèges ; mais parmi les dépenses de voirie, celles du culte, celles d'entretien des édifices communaux soit religieux, soit civils, il en est dont la plus grosse part constituent des dé-

____

(1) Rapport de M. Bertaud, au Conseil municipal de **Caen** (1870).

penses de luxe qui restent étrangères aux classes peu aisées. Nous venons en effet d'énumérer les principaux articles du budget d'une ville. Peut-on admettre que l'ouvrier jouisse de ces dépenses dans la même proportion que le propriétaire ou le capitaliste? De tous les édifices communaux, l'hôpital est le seul dont la misère le force à se servir. Quant aux théâtres subventionnés, aux boulevards percés dans les quartiers riches, aux luxueuses promenades entretenues à grands frais, aux mairies splendides de certaines de nos grandes villes, qui donc pourrait dire que l'ouvrier en jouit comme les autres citoyens? Et cependant, à quoi faut-il attribuer l'augmentation incessante des taxes et surtaxes d'octroi, sinon à ce courant créé dans les dernières années du second empire et qui entraîne les municipalités dans des dépenses excessives d'amélioration et d'embellissement? « Faire grand » semble être la devise de la plupart des municipalités; mais en définitive, c'est sur la bourse du petit contribuable que se fait sentir cette tendance des administrations communales. Pour nous, il ne reste aucunement établi que l'octroi pèse sur tous les citoyens à proportion des avantages que leur procure la cité.

Mais, nous dit-on, tout citoyen est libre de s'associer à la commune qu'il lui plaît et de quitter par suite celle où l'octroi lui rend la vie trop dure : nul ne supporte jamais malgré lui les charges d'une

association communale. Cette objection serait sérieuse si nous nous occupions ici des intérêts exclusifs des agriculteurs; à un cultivateur on peut
dire, en effet : allez chercher une vie moins chère
dans telle autre commune, exempte d'octroi, et
où vous trouverez du travail sans peine. Mais on
ne peut en dire autant à l'ouvrier, à l'artisan, au
mécanicien. Les capitaux ne sont mis en œuvre
par les manufacturiers que dans les grands centres où le débouché le plus sûr est offert à leurs
produits au prix le plus rémunérateur. Les grandes villes seules présentent donc des industries
suffisantes pour assurer l'ouvrier contre le chô-
mage : ce n'est donc qu'à la ville qu'il peut se fixer,
et du jour où il s'y établit, il est saisi par l'octroi
qui diminue d'une façon indirecte, mais qui n'en
est pas moins sensible, le salaire nécessaire à son
existence.

Que répondent nos adversaires quand nous
leur disons : l'octroi est injuste puisqu'il pèse également sur les familles où le nécesaire représente
tout l'avoir et sur celles où le nécessaire ne représente que la 10° ou la 20° partie du revenu? D'abord,
disent-ils, les familles riches ont à leur service
des domestiques pour lesquels elles payent l'octroi, ce qui rétablit l'équilibre. Ce calcul nous
parait peu exact. Dire en effet que telle personne
qui jouit de 50,000 francs de revenu, et se fait
servir par deux domestiques par exemple, paie,

proportions gardées, autant que l'ouvrier qui a toute une famille à nourrir avec le salaire de son travail, c'est pousser loin l'optimisme et l'amour de l'équilibre.

D'ailleurs, dit-on, l'élévation progressive des salaires a pour résultat d'indemniser l'onvrier du surcroît de dépense que lui impose l'octroi. Nous ne cherchons pas à nier que le salaire, dans les grandes villes ne soit double environ de celui des campagnes. Mais s'en suit-il que l'augmentation de salaire soit proportionnelle à l'accroissement des charges ? Le taux du salaire, dit-on, est toujours déterminé par les exigences de la vie dans la localité. N'est-il pas plus exact de dire que dans toute ville manufacturière, on assiste à une lutte permanente entre l'ouvrier qui s'efforce d'élever son salaire pour augmenter son bien-être, et l'industriel qui tâche d'obtenir la main-d'œuvre au prix le plus bas pour accroître son bénéfice, heureux si ce n'est pas pour éviter une faillite. Que faut-il en conclure? Que l'octroi pèse sur l'ouvrier dont il diminue le bien-être, malgré l'élévation du salaire ; qu'il nuit aussi à l'industrie en forçant l'industriel d'élever le taux des salaires, en restreignant ainsi ses capitaux et partant le chiffre de ses affaires.

Lorsque nous accusons l'octroi d'élever le prix des denrées et de restreindre par suite la la consommation, nos adversaires répondent en disant : voyez les faits : la statistique prouve que la consommation au lieu de rester stationnaire ou de diminuer avec l'augmentation des taxes d'octroi, augmente au contraire dans une proportion bien supérieure à l'accroissement de population. D'ailleurs, dit-on, mieux vaut restreindre sa consommation que se ruiner pour payer les taxes directes qui remplaceraient les octrois. « Le contribuable est toujours le maître, et, entre ces dures nécessités, vendre ses meubles pour payer la taxe directe, ou restreindre sa consommation pour échapper à cette taxe, les indigents préféreront toujours la seconde, moins ruineuse, moins humiliante et qui n'impose qu'une privation momentanée cessant avec le moindre retour d'aisance. Nous ne saurions redire assez que tout ceci est théorie pure. On a vite dit, mieux vaut restreindre sa consommation que de laisser saisir ses meubles pour le compte du fisc. Mais nous répétons que les contribuables dont l'intérêt nous occupe ici, ce sont précisément ceux qui ne possèdent que le nécessaire, ces ouvriers vivant du travail journalier, pour qui restreindre sa consommation est à peu près synonyme de mourir de faim.

Nous n'avons présenté ici que les griefs du peuple des villes contre les octrois; mais celui des campagnes n'est pas moins unanime à demander la suppression de ces taxes. Les partisans des octrois leur répondent : en quoi des droits perçus dans 1526 localités sur dix millions de consommateurs, peuvent-ils influer sur des produits qui ont devant eux 35,989 communes et une population de 27 millions de consommateurs non soumis aux taxes? Est-ce que les producteurs, s'ils ne trouvaient pas leur avantage à vendre leurs denrées dans les villes, malgré les entraves de l'octroi, ne préféreraient pas des centres d'échange plus avantageux? S'ils supportaient en un mot personnellement et comme perte sèche la taxe d'octroi, ne préféreraient-ils pas les marchés des localités non assujetties? Ainsi raisonnent nos adversaires sans se rendre compte d'une chose ; c'est qu'il n'est pas un centre un peu populeux en France, qui, a raison même de ses charges municipales, ne soit doté d'un octroi; or il n'y a de débouché certain pour les denrées que dans les gros bourgs et les villes; nul n'ignore que dans les communes rurales, la consommation est réduite le plus souvent au strict nécessaire et ne suffirait pas à l'écoulement des produits du sol. Où sont donc ces localités non assujetties que pourraient choisir de préférence nos agriculteurs? Que nos adversaires se rappellent les 185 octrois qui se partagent le seul département du Finistère (1).

---

(1) Si le Finistère compte 185 octrois, le Nord n'en compte pas moins de 65; — les Bouches-du-Rhône, 56; —

Mais, nous dit-on, il n'y a pas pléthore ; nulle part on ne signale d'encombrement. Que peut-on en conclure ? C'est que la production s'est limitée aux produits dont l'écoulement est assuré. Le prix élevé diminuant la demande, l'offre suit ce mouvement et reste stationnaire. L'agriculture, au lieu de défricher les terres incultes et de forcer le rendement par l'amélioration des procédés, ce qui serait indispensable si la consommation n'était pas entravée, se confine dans la routine de vieux procédés, du moment qu'ils tirent du sol en culture des produits suffisants pour ces marchés restreints.

Les partisans de l'octroi, se couvrant de l'intérêt national de l'agriculture, nous disent : l'octroi en rendant plus dure la vie dans les villes, en écarte, par là même, l'ouvrier et garde à la culture les bras dont elle a bssoin. Les chiffres ici répondent pour nous. Depuis 50 ans, il est constant que la population ouvrière a triplé dans les villes : nous ne voyons pas l'effet bienfaisant pour l'agriculture des taxes d'octroi. Bien plus, nous ne sommes pas éloignés de dire, avec M. de Butenval : c'est l'octroi qui rassemble dans nos grandes cités cette foule énorme d'ouvriers. C'est en effet cette taxe municipale qui donne à nos grandes

---

le Var, 50 ; — le Vaucluse, 46 ; — l'Isère, 43 ; — le Lot-et-Garonne, 42 ; la Seine, 41 ; etc.

villes les ressources qui leur permettent de contracter des emprunts incessants et d'accomplir d'immenses travaux. Quel plus sûr moyen d'agglomérer dans les villes la classe ouvrière! L'argument invoqué par nos adversaires peut donc comme on le voit se retourner contre eux.

Un dernier argument invoqué par les partisans de l'octroi est le suivant: la suppression des octrois ne profitera nullement au producteur ni au consommateur, elle fera seulement la fortune des intermédiaires. Cette théorie nous est connue: En 1870, M. Bertauld, dans son rapport au Conseil municipal de Caen, disait: « quelle que soit l'opinion qu'on professe sur l'incidence de l'impôt d'octroi, qu'on le fasse peser sur le consommateur ou sur le producteur, ni l'un ni l'autre ne profiteront de la suppression de droits : l'intermédiaire seul doublera ses profits. » L'esprit d'opposition aidant, il s'est trouvé de nos jours des publicistes pour soutenir que les 300 millions de dégrévement opérés par la Chambre sur nos derniers budgets, loin de soulager le fardeau des impôts, n'étaient que des mystifications à l'adresse des contribuables. Là encore on a dit, comme pour les octrois : Vos dégrévements enrichissent les seuls intermédiaires; La loi du 18 juillet 1880 fait la fortune des marchands en gros et des raffineurs.

Cette objection présente une part de vérité que nous nous plaisons à reconnaître. Nos adversaires seraient entièrement dans le vrai, s'ils disaient : pour qu'un dégrévement d'impôt soit utile, pour qu'il devienne sensible au contribuable, il faut qu'il porte sur des chiffres importants. Sinon, il est évident qu'il ne profitera qu'aux intermédiaires. C'est là une vérité économique que les faits ont changée en axiôme. Mais dans le projet qui nous occupe ce danger n'est pas à craindre. Non-seulement le dégrévement que nous proposons porte sur des chiffres suffisants pour que l'effet s'en fasse s'entir au contribuable: mais c'est plus qu'un dégrévement c'est une supression radicale que nous proposons. Comment dire dès lors que le bénéfice de la supression de l'impôt s'arrêtera à l'intermédiaire? Quel est le marchand qui, l'octroi supprimé, pourrait maintenir les prix au taux ancien ?

On nous oppose ce qui s'est passé en 1848, lorsque le Gouvernement supprima les droits d'entrée sur la viande. Une coalition se forma parmi les bouchers pour arrêter dans leur bourse le bénéfice de cette suppresion de taxe, et imposer au consommateur le maintien des anciens prix. Mais ceux qui nous opposent ce fait et qui s'autorisent de l'expérience de ces temps troublés pour déclarer l'épreuve faite et la question vidée, semblent oublier qu'en 1848 la boucherie était encore aux mains d'une corporation fermée; la cohésion, premier effet de l'esprit de corps, rendait alors possible cette « *Sainte Alliance* » des marchands contre le consommateur.

Mais aujourd'hui que le commerce est libre, la libre concurrence aurait bientôt fait descendre le prix à son taux normal, et toute coalition entre les intermédiaires ne pourrait amener qu'une hausse momentanée, que de nombreuses défections feraient tomber bien vite.

Les partisans de l'octroi nous disent enfin : L'octroi est un impôt peu juste, fort cher à percevoir, nous l'accordons. Mais les besoin de l'administration communale sont grands : il faut, si les octrois sont supprimés, les remplacer par d'autres taxes. Vaudront-elles mieux que celles qu'elles remplaceront? Il s'agit de trouver par an près de 250 millions composant environ le tiers du revenu total des communes. Or, s'il faut demander ces ressources à de nouvelles impositions, il ne faut plus parler de *diminution*, mais de *déplacement* de charges. Tout projet de suppression n'est donc au fond qu'un projet de remplacement des octrois. Les besoins de la commune s'imposant d'une façon aussi impérieuse, nos adversaires nous disent : vous n'avez rien à proposer qui vaille mieux que l'octroi; attendez pour le battre en brèche d'avoir un système meilleur qui le remplace. Nous répondrons avec Turgot (1) : « C'est

______

(1) Turgot, *OEuvres complètes*, t. IV, p. 200 et suiv.

toujours du mieux qu'il faut s'occuper dans la théorie. » La double question que posait il y a un siècle le futur contrôleur général des finances, se pose aujourd'hui dans les mêmes termes. « Que faudrait-il faire? Que peut-on faire? Le mieux possible et le faisable. »

Ramenée à ces termes, la question se réduit à examiner si parmi les systèmes proposés par les économistes ou adoptés par les États voisins, il s'en trouve qui réponde à notre organisation politique, aux besoins qu'il faut satisfaire, et qui, remplissant utilement la place des octrois, échappe aux reproches trop fondés qu'on leur adresse.

<h2 style="text-align:center">III.</h2>

<h3 style="text-align:center">EXAMEN DE QUELQUES PROJETS DE REMPLACEMENT
DES OCTROIS.</h3>

Indépendamment des controverses théoriques toutes les objections et les arguments soulevés par la question des octrois, et que nous venons d'indiquer, ont été produits à la tribune et ont fait l'objet de debats législatifs.

Nous avons vu l'Assemblée Constituante en 1791, sur la proposition du député Le Chapelier supprimer tous les droits d'entrée perçus aux portes des villes. Le décret portait « que tous les impôts perçus à l'entrée des villes, bourgs et villages seraient supprimés à compter du 1er mars prochain..... L'Assemblée nationale charge son comité des Impositions de lui présenter sous huit jours au plus tard les projets d'impositions qui compléteraient le remplacement des impôts supprimés et qui étaient perçus au profit de la nation, des hopitaux ou des villes de manière à assurer les fonds nécessaires pour faire face aux dépenses publiques. » On sait comment la Révolution fit oublier cette réforme.

Elle fut reprise et très-sérieusement étudiée depuis. Nous savons comment l'expérience hâtive de 1848 eut le même sort que celle de 1791. En 1851, M. Bocher, dans son rapport à l'Assemblée législative sur la législation des boissons, examinant la question des octrois, en demanda le maintien, tout en concluant à la réduction des taxes à un taux égal à celui des droits d'entrée perçus par le Trésor : le décret du 17 mars 1852 consacra cette réforme.

De 1851 à 1869 le Sénat et le Corps législatif, saisis de nombreuses pétitions réclamant la suppression des octrois, se montrèrent constamment favorables au maintien de ces taxes, tout en approuvant d'avance les mesures susceptibles d'améliorer l'assiette et la perception de cet impôt.

En 1869 un amendement destiné à supprimer

les octrois fut soumis aux délibérations |du Corps législatif : il se produisit dans les termes suivants :

Art. 1er. A partir du 1er janvier 1870 les droits d'octroi sont abolis dans toutes les villes et communes de France.

Art. 2. Il sera attribué à chaque commune le montant des impots suivants perçus dans ses limites :

1º L'impot personnel et mobilier ;

2º L'impot des portes et fenêtres ;

3º L'impot sur les chiens ;

4º Le droit sur les permis de chasse.

Art. 3. En cas de déficit dans leurs recettes par la suppression des droits d'octroi, les villes et communes sont autorisées à voter des centimes additionnels à l'impot mobilier et des patentes. »

L'amendement proposé ne fut pas adopté.

En 1869 la commission supérieure de l'enquête agricole, chargea une sous-commission d'étudier cette question des octrois. La majorité de ses membres se prononça dans le même sens que le rapporteur de 1851. Reconnaissant l'exagération des taxes, l'arbitraire de la tarification et l'extension excessive des périmètres, elle conclut simplement à mettre à l'étude les moyens d'alléger l'impot et d'en faciliter la perception. La commission blâmant hautement l'abus des centimes additionnels aux taxes d'octroi, condamnant la pratique autorisée et indiquée par la loi même, d'établir des surtaxes à coté des taxes principales (1), demanda que le taux d'octroi fut réduit de manière que les droits ne fussent qu'une fraction très minime du prix de la denrée assujettie, qu'on restreignit progressivement le nombre des taxes additionnelles et des surtaxes, qu'on renonçat à l'extension des périmètres au préjudice des dépendances rurales des villes jouissant d'un octroi.

Mais la commission ne fut pas unanime à signer ces propositions. Au nom de la minorité, M. de Butenval conclut dans le sens de la suppression des octrois. Voici comment l'honorable commissaire formulait les vœux de ses collègues :

« La minorité, convaincue des inconvénients financiers, politiques et moraux de l'impôt connu sous le nom d'octroi, impôt qu'elle considère comme également contraire aux instincts du peuple, aux lois de la science économique, à l'autorité de noms considérables de notre histoire et à l'exemple des peuples voisins ; estime que la réforme de cette partie de nos contributions publiques n'aurait besoin, pour prendre sa place dans l'ordre des faits que du temps et de la seule neutralité du Gouvernement.

« Que ce serait aux Conseils généraux à poursuivre l'étude du problème...... a l'honneur de vous proposer la résolution suivante :

---

(1) Loi du 22 juin 1854, art. 18.

« Le Gouvernement est invité à mettre à l'é-
tude les moyens de diminuer *graduellement et de
supprimer en définitive les droits d'octrois.* »

La minorité, entre autres mesures à prendre
pour remplir ce vœu, demandait le remplacement
de l'octroi par telle contribution que votera le
Conseil général du département, dans toute commune :

— où la population n'atteint pas 10,000 âmes ;

— où les frais de perception dépassent le 10 pour
cent de la recette brute ;

— où les recettes annuelles sont inférieures
à 5,000 francs.

Les conclusions de la minorité étaient celles de
bon nombre d'esprit sérieux. Au milieu même de
nos désastres, en 1870, parut l'ouvrage de M. Deloynes réclamant une fois de plus la suppression
des octrois, et proposant, pour le remplacer, l'é-
tablissement d'un impôt sur le revenu. Nous ne
saurions passer sous silence un système aussi
sérieux, aussi consciencieusement étudié, et auquel, malgré quelques lacunes inévitables, le législateur pourrait faire un jour de notables emprunts.

L'impôt sur le revenu. — Dans le système proposé par l'éminent professeur, l'État abandonnerait aux villes l'impôt personnel et mobilier et la
contribution des portes et fenêtres : par contre,
il créerait un impôt général sur le revenu qu'il

percevrait à son profit. L'auteur prouve, chiffres
en main, que l'État, comme les villes, y gagnerait.
L'État d'abord, car le produit actuel de l'impôt
personnel et mobilier et de la contributions des
portes et fenêtres s'élevait, en 1870, à 94 millions 1/2, et l'impot sur le revenu donnerait 150
ou 250 millions, suivant qu'on estime à 3 ou à
5 millards le revenu de la fortune mobilière en
France. Quant aux villes, c'est un point de fait à
vérifier pour chacune en particulier. Mais M. Deloynes pense que dans la plupart des cas le revenu
de l'impôt personnel et mobilier et de la contribution des portes et fenêtres abandonné par l'État
est supérieur au produits des octrois (1). (Ex. Lille
et Douai.)

Le remède proposé par M. Deloynes, est, en
dernière analyse, l'impôt sur le revenu ; c'est là
un impôt depuis longtemps discuté, mais dont on
ne saurait méconnaître la justice. L'impôt direct
vise le revenu des citoyens : celui de la terre est
atteint gar l'impôt foncier ; le revenu de l'industrie et du commerce, par l'impôt des patentes ;
pourquoi le produit des capitaux placés, ou revenus
prement dits, ne supporterait-il pas une part du
fardeau ?

Mais si l'on est d'accord sur la justice d'un im-

---

(1) Voir le compte-rendu de l'ouvrage de M. Deloynes,
aans la *Revue critique de législation*, tome 37, 1870.

pot sur le revenu, le désaccord et l'hésitation
commencent, lorsqu'il s'agit de l'établir. Comment
en effet connaître exactement le revenu d'un citoyen? Comment saisir la fortune mobilière? Craignant de tomber dans une inquisition tyrannique
l'État, jusqu'ici. s'est arrêté à un moyen terme.
Ne pouvant déterminer le revenu réel mobilier,
elle a établi la taxe mobilière sur le revenu présumé, la valeur du loyer servant de base à cette
évaluation par à peu près. Mais est-il besoin de
signaler ce qu'a d'imparfait un pareil procédé
d'appréciation? Cette présomption qui sert de
base au système est souvent fausse, l'impot est
mal assis. De plus, et c'est là son plus grave défaut, l'impot mobilier fait double emploi avec
l'impôt foncier et celui des patentes, pour les personnes qui n'ont qu'un revenu foncier, industriel
ou commercial : elles paient en effet deux fois
l'impôt sur le revenu : l'impôt foncier ou la pa-
tente pour le revenu réel; la contribution mobilière pour le revenu présumé.

Quelle est donc la base sur laquelle M. Deloynes propose d'établir l'impôt sur le revenu?
Pour lui, il faut tout d'abord que ce soit un impôt d'État, et non pas communal : car l'impôt sur
le revenu, tel qu'il le comprend, devra être payé
par tous ceux qui profitent des services d'État,
n'eussent-ils aucun domicile dans aucune commune, au lieu d'être supportés par ceux-là seuls

qui habitent la commune, comme il advient pour les impots communaux.

Comment serait donc perçu cet impôt d'État sur le revenu? De quoi se composent aujourd'hui les capitaux mobiliers?

1º D'actions et obligations des sociétés financières.

2º De créances hypothécaires et obligations passées devant notaires ou constatées par jugement;

3º De créances chirographaires.

Pour les capitaux de la première catégorie, rien de plus simple que de les atteindre. La loi du 23 juin 1857, créant l'impôt sur la transmission et la conversion des titres, nous permet d'en saisir le revenu. Les statuts de la société indiquent le nombre des actions ou obligations émises; le revenu peut être facilement connu au siège social : il sera dès lors facile de demander le paiement de l'impot aux compagnies elles-mêmes, qui, lors du paiement des dividendes et intérêts, retiendront la somme par elles versées à l'État. Ce mode de recouvrement de l'impôt est applicable aux titres au porteur comme aux titres nominatifs, et pourra l'étendre aux sociétés civiles, par exemple à celles formées pour l'exploitation des mines.

Pour la deuxième classe de capitaux, c'est-à-dire les obligations hypothécaires, notariées ou constatées par jugement, il est moins facile d'en constater l'existence. Toutefois l'État peut les saisir au moment où elles sont, conformément à la loi, présentées à l'enregistrement. Il est inutile d'ajouter qu'elles ne paieront l'impôt que si elles portent intérêt, puisqu'il s'agit de frapper le revenu; l'État percevra cet impôt sur le créancier jusqu'au jour où l'extinction de la créance sera prouvée par l'enregistrement de la quittance.

Le danger à prévoir ici, c'est que le créancier par une convention secrète, ne rejette le fardeau de l'impot sur le débiteur. Aussi faudrait-il écrire dans la loi que toute clause de ce genre dans une obligation sera nulle de plein droit, et que, dans aucun cas, l'impôt sur une créance ne pourra être mis à la charge du débiteur : une amende élevée serait la sanction de cette défense.

Si nous arrivons à la troisième classe de revenus, nous nous trouvons en présence d'une difficulté plus grande encore ; car la législation actuelle ne fournit aucun moyen d'en constater l'existence. Ici nous tombons fatalement dans ces mesures inquisitoriales que l'État doit s'attacher à éviter avec le plus grand soin. En effet. M. Deloynes propose d'obliger le créancier à présenter son titre au receveur de l'enregistrement de son domicile, dans un certain délai (un mois par exemple), à partir de la date de sa signature. Le receveur mentionnerait sur un registre l'accomplissement de cette formalité, le nom du créancier, le montant de la créance et des intérêts, et adresserait chaque année au créancier un avertissement de passer à son bureau pour y acquitter l'impôt sur le revenu de sa créance. La sanction de cette obligation serait la suspension du cours des intérêts, tant que la formalité ne serait pas accomplie. Il faudrait ici, comme pour les créances hypothécaires écrire formellement dans la loi qu'en aucun cas l'impôt ne pourra être mis à la charge du débiteur.

Tel est le système proposé par M. Deloynes. Sans en approfondir les détails, signalons deux inconvénients graves qui subsisteraient sous ce régime. D'abord l'Etat n'aurait aucun moyen efficace pour empêcher le créancier de faire retomber sur le débiteur la charge de l'impôt sur le revenu. Comment sanctionner en effet cette défense? Qui pourra empêcher le prêteur d'exiger, au mépris de la loi de 1807, un billet de 2,000 francs, alors qu'il n'aura, en fait, versé que 1,800 francs? Et de plus, comment constater l'existence de créances chirographaires, sans tomber absolument dans l'inquisition? Qui ne sait que forcer un particulier et *à fortiori* un commerçant, à rendre public le moindre appel de fonds que lui impose une gêne momentanée, c'est ruiner, ou tout au moins compromettre le crédit des citoyens.

Mais, pourra-t-on dire, tout impôt traîne à sa suite des inconvénients : cette inquisition forcée

est celui de l'impôt sur le revenu, peut-être largement compensé par ses avantages. Un autre reproche plus sérieux encore, qu'on peut faire au
système de M. Deloynes est le suivant. Il reproche à l'impôt mobilier de faire double emploi avec
l'impot foncier et celui des patentes. Rien de plus
juste, et il est de toute évidence que la législation actuelle frappe deux fois le revenu. Or, que propose-
t-il pour remplacer l'octroi des villes : D'une part,
créer un impôt d'Etat sur le revenu réel; de l'autre, abandonner aux communes ces taxes mobilières complétées par l'impôt des portes et fenêtres,
établies toutes deux, de son aveu même, pour
atteindre le revenu présumé. Voici donc à quelle
conclusion ils nous mène : avoir à la fois un impôt
d'Etat sur le revenu réel, et un impôt communal
sur le revenu présumé; c'est-à-dire le même vice
qu'il reproche à notre organisation financière actuelle. Dans le projet de M. Deloynes, nous arrivons encore à faire payer encore deux fois l'impôt
par le revenu.

Telles sont les critiques qui ont été adressées à
ce système, l'un des plus sérieux qui aient été
produits sur ce difficile problème (1).

---

(1) Le jour où la réforme des octrois serait accomplie à
l'aide de l'impôt sur le revenu, le législateur aurait à s'inspirer de l'exemple de l'Autriche-Hongrie où cet impôt fonc-
tionne depuis 1849 et vient d'être l'objet d'importantes
modifications.

(Voir le remarquable travail de M. Paul Boivin-

L'impôt sur le capital. — Nous venons de voir M. Deloynes remplaçant l'octroi par l'impôt sur le revenu. Écoutons maintenant M. Ménier proposant, pour accomplir cette réforme, l'impôt sur le capital. Adversaire déclaré de ces taxes, l'honorable représentant demande non seulement la suppression de l'octroi de Paris, mais encore des droits de halles et marchés et des droits sur les Eaux de la Ville. Après avoir montré que Paris tire 125 millions de son octroi et près de 40 millions des droits de halles et marchés, d'abattoirs, d'entrepot, des Compagnies du gaz et des eaux, il demande que, dans le plus bref délai possible, la Ville renonce à ces ressources possibles, toutes prélevées sur le consommateur, et propose l'application « d'un impôt unique sur la propriété réelle. »

M. Menier, pas plus que personne, ne nie les besoins de la Ville. Mais il constate, d'une part, que les finances sont en excellent état, d'autre part que l'octroi est lourd, que la vie est chère et il se demande s'il ne serait pas préférable d'opérer des dégrèvements, plutôt que d'entreprendre des travaux qui absorbent la plus value des impots ?

Il ne faut pas se dissimuler que c'est l'octroi qui paie la plus grosse part des arrérages des em-

Champeaux, sur la réforme de l'impôt sur le revenu en Autriche, *Bulletin de la Société de législation*, janvier 1879.)

prunts; or, ces emprunts profitent surtout aux propriétaires, seuls appelés à bénéficier de la plus-value que les travaux causent à la propriété foncière : il serait temps par conséquent de faire payer les arrérages, non plus au consommateur désintéressé dans ces emprunts, mais au propriétaire qui en recueille le bénéfice : l'impôt sur le capital permet d'atteindre ce résultat.

M. Menier évulue à 30 milliards la valeur de la propriété foncière à Paris. En fixant à 4 p. 1000 un impôt sur la valeur vénale de la propriété immobilière, nous avons une somme de 120 millions. Et ce système, M. Menier le croit applicable non-seulement à Paris, mais dans toute commune qui voudrait recourir à cet impôt, le taux variant seul, avec la richesse et les besoins des localités. La suppression de l'octroi par ce procédé, aurait l'avantage de rendre la vie plus facile aux locataires ; l'impôt serait avancé par le propriétaire, qui le répartirait ensuite entre ses locataires, par une augmentation *proportionnelle* du prix des loyers.

« De plus, l'application de l'impôt sur le capital aux 1500 communes à octroi aurait une conséquence immédiate : ce serait d'activer, dans une proportion considérable, les 1500 foyers de consommation. Il y aurait aussitôt une plus grande consommation de vin, viande, comestibles de toutes sortes, de combustibles ; et les campagnes voisines s'en ressentiraient aussitôt. »

Sans vouloir imposer son système aux 36,000 communes de France, M. Menier demande que la loi laisse le champ libre aux municipalités pour expérimenter tel système qu'il leur plaira. De ces essais multiples sortirait à coup sûr la solution simple, la seule vraie, qui serait bientôt universellement adoptée. Voici le projet de loi que l'honorable député de Seine-et-Marne propose pour la suppression des octrois et leur remplacement :

« 1º Les communes sont autorisées à remplacer leurs octrois par des taxes directes ;

« 2º Elles pourront déterminer elles-mêmes l'assiette des taxes ;

« 3º Ces taxes devront être proportionnelles ;

« 4º Les communes pourront, à l'aide de centimes additionnels, ajoutés au principal de leur taxe locale, se rédimer envers le Trésor des taxes perçues pour son compte à l'entrée des villes. »

« Ce projet, dit M. Menier, permet tous les essais ; il ne présente aucun système, il doit rallier tous les adversaires des octrois, c'est-à-dire tous les partisans des taxes proportionnelles aux ressources et non aux besoins.

« Il donne aux conseils municipaux une vie et une activité qu'ils n'ont pu avoir jusqu'ici. Il fait enfin de la véritable démocratie et permet d'essayer de sérieuses réformes économiques. »

Nous n'avons pas à faire ici la critique de l'impôt sur le capital. Les vives controverses qu'il a fait naître nous entraîneraient trop loin. Bornons-nous à renvoyer à l'ouvrage où M. Menier a établi sa théorie sur l'application de l'impôt sur le capital, et surtout au *Traité de la science des finances* de notre savant maître M. Leroy-Beaulieu.

L'impôt sur la propriété et sur les loyers. — M. Leroy-Beaulieu n'est pas moins hostile que M. Menier aux taxes d'octroi. « Cet impôt, dit l'éminent économiste, est funeste en lui-même, puisque c'est une entrave à la circulation et à l'échange des produits. Il y a une part irréductible d'abus et de maux qui lui est attachée et que l'on ne peut espérer faire disparaître. Il est au plus haut degré improportionnel. » Tolérable, si une sage administration l'eût maintenue dans des limites rigoureuses, cet impôt, en présence du développement excessif qu'il a pris depuis 1823 (il a quintuplé depuis cette époque) est condamné à disparaître. M. Leroy-Beaulieu, adressant aux octrois les mêmes reproches que nous avons énumérés plus haut, conclut ainsi :

« L'octroi est donc un impôt d'une inégalité révoltante. Il faut le remplacer par des taxes plus proportionnelles : l'impôt foncier et l'impôt sur les loyers sont naturellement indiqués pour cet office. La taxe sur les loyers est en effet la seule qui soit, dans une ville à peu près proportionnelle à la fortune ou aux revenus des habitants... On devrait admettre aussi que l'impôt foncier fut augmenté pour faciliter la suppression des octrois : cette suppression profiterait en effet considérablement aux propriétaires des villes. Une partie de la population qui aujourd'hui se précipite dans la banlieue et en dehors des barrières pour échapper aux lourds impôts de consommation locale reviendrait se fixer dans l'enceinte des villes. »

L'auteur ne se dissimule pas qu'en présence des dettes écrasantes de nos grandes villes, la suppression des octrois entraînerait dans son système, une énorme augmentation de nos principales contributions directes. « Il est évident, dit-il, que des quatre contributions directes il y en a une, celle des patentes, qui ne peut être accrue sans iniquité et sans danger. Elle est déjà excessivement lourde : puis ce serait tourner dans un cercle vicieux que de remplacer un impôt de consommation par un impôt sur les affaires. Les trois contributions directes autres que les patentes produisent à Paris 59 millions de francs. Pour remplacer l'octroi, il faudrait leur demander 128 millions de plus environ, par conséquent il faudrait ou moins les tripler.

« Actuellement, l'impôt foncier prélève (centimes additionnels compris) à Paris 6 0/0 environ du revenu net des contributions ; car l'impôt foncier en principal et en centimes additionnels, monte à 28 millions et demi en 1876, et la valeur locative des constructions à Paris s'élève à 425 millions de francs... Il faudrait donc porter le taux de l'impôt foncier à 18 0/0 environ du revenu ce qui serait une proportion élevée sans doute, mais beaucoup moins que celle qui est adoptée dans beaucoup de villes des Etats-Unis.

« Quant à l'impôt personnel et mobilier et à celui des portes et fenêtres, deux taxes que nous voudrions voir fondre ensemble, ils prélèvent au plus 10 0/0 du montant des valeurs locatives d'habitation (les usines et les établissement industriels et commerciaux en étant exempts) : on devrait tripler ces impôts et les porter à 30 0/0. Le taux de 30 0/0 pour l'impôt sur les loyers et celui de 18 0/0 pour l'impôt foncier sont-ils exorbitants? Ils sont très lourds, nous en convenons, mais ils sont encore supportables. Les charges locales seraient ainsi mieux assises qu'aujoud'hui, l'affranchissement de tout droit à l'entrée des villes supprimerait une foule de formalités, de gênes et de fraudes et serait profitable au développement des affaires et à l'hygiène. »

M. Leroy-Beaulieu repousse, comme dangereux le remplacement des octrois par le seul impôt foncier. Voici la raison qu'il nous donne : les conseils municipaux des grandes villes, méconnaissant les lois de la répercussion de l'impôt, croiraient exempter les locataires en taxant les propriétaires et pourraient augmenter démesurément l'impôt foncier. L'impôt sur les loyers ne présente pas ce danger; une taxe élevée, frappée en remplacement des octrois sur la valeur locative des habitations, aurait cet heureux effet de faire sentir nettement aux contribuables l'incidence de l'impôt, et à leurs mandataires, la nécessité d'une sage économie. « Voilà pourquoi la contribution sur les loyers, qui est une sorte d'impôt mixte entre les taxes de consommation et les taxes sur la propriété, nous paraît devoir jouer un grand role dans ʃ'avenir et devoir être un des principaux substituts des octrois. »

« Si l'on considère que dans les grandes villes l'impôt foncier, y compris les centimes additionnels, représente de 6 à 7 pour 0/0 de la valeur locative des immeubles, l'impôt mobilier 7 à 8 pour 0/0 de l'ensemble de la valeur locative des loyers d'habitation, et enfin que la contribution des portes et fenêtres égale à peu près 3 ou 4 pour 0/0 de cette même valeur, il en résulte que, pour la suppression des octrois l'impôt foncier devrait être porté dans la plupart des grandes villes à 15 ou 20 pour 0/0 du revenu des immeubles, l'impôt mobilier à 18 ou 24 pour 0/0 et enfin l'impôt des portes et fenêtres à 7 ou 10 pour 0/0; en un mot les immeubles auraient à supporter, dans les grandes villes, une charge totale, égalant 40 ou 60 pour 0/0 du revenu, cette charge représentant à la fois les impôts directs actuels et les surtaxes que la suppression des octrois rendrait nécessaires. Une par

tie de cette taxe totale de 40 ou 60 pour 0/0, la moitié si l'on veut, serait mise à la charge du propriétaire, et l'autre moitié à la charge du loca-
taire.

« Ces chiffres, certes, sont élevés ; mais peut-
on dire qu'ils soient absolument intolérables? Les
loyers hausseraient dans une certaine proportion,
mais la vie matérielle serait moins chère. Il ne
s'agit, somme toute que de faire payer, en la ré-
partissant mieux et plus équitablement, la même
somme d'impôts. Chacun profite des embellisse-
ments des grandes villes en proportion de ses propriétés et de sa fortune ; il est donc juste que chacun y contribue aussi dans la même proportion. »

Dans un avenir prochain d'ailleurs, l'amortis-
sement de la dette de nos villes permettrait d'alléger le poids de ces taxes locales. « Le mérite des
changements que nous préconisons, dit en terminant notre savant maître. ce serait de laisser
à l'industrie et au commerce plus de liberté, de
ménager davantage l'ouvrier et le petit bourgeois
sur qui pèsent le plus aujourd'hui les taxes d'octroi, et d'inspirer aux municipalités ainsi qu'au
corps électoral une grande modération dans les
dépenses en lui rendant plus sensible par l'impôt
direct sur les propriétés et sur les loyers le poids
des charges locales. »

Le remplacement des loyers par des taxes directes sur les loyers et sur le revenu a rallié

de nombreux partisans. Parmi ceux-ci, citons M. Paul Boiteau, amené comme la plupart des économistes à condamner l'impôt des octrois, il propose de les remplacer par le procédé suivant :

1° L'État abandonnerait aux communes, sans distinction, la perception des 114 millions qu'il prélève sur l'impôt des patentes, qui réunis aux 54 millions que reçoivent déjà les communes sur le produit total (168 millions en 1875) de cet impôt, permettraient aux communes à octroi de supprimer ces taxes.

2° Les commuess ainsi privées de leur octroi, pourraient en cas de déficit, le combler par des taxes directes sur les loyers et une autre sur le revenu des 10 millions d'babitants antérieurement soumis à l'octroi.

On voit combien ce système se rapproche de celui proposé par l'éminent directeur de l'*Économiste français.*

L'impôt sur l'alcool. — A côté des octrois, nous devons donner une place à part à celui proposé par notre savant maître, M. Alglave, comme annexe d'un plan de réforme des contributions indirectes. Reconnaissant avec la plupart des économistes les graves inconvénients des octrois, comme aussi la nécessité de pourvoir utilement à leur remplacement, M. Alglave a demandé le remède à un procédé tout différent de ceux analysés plus haut. Ce remède serait une sorte de mono-

pole de l'alcool créé au profit de l'Etat, à l'image
du monopole des tabacs. On sait comment le plan
de réorganisation de l'impôt sur le tabac, proposé
par lui en 1772 et adopté par la commission du
budget, contribua à rétablir l'équilibre de notre
budget compromis par un déficit de 250 millions (1). Appliquant les mêmes données aux alcools, M. Alglave propose aujourd'hui de « trou-
« ver un autre impôt analogue d'une appli-
« cation facile et sûre pour l'Etat, n'entrainant
« aucune gêne nouvelle pour les contribuables, »
et permettant, entre autres réformes importantes
l'abolition des droits d'octroi.

Comparant l'alcool au tabac, M. Alglave constate qu'il présente ce caractère commun « d'être
une denrée de consommation très générale et très
tenace, quoique n'étant pas du tout de première
nécessité, et de se consommer par quantités petites et de faible valeur, de sorte que l'impôt se
disperse et peut atteindre une quotité très élevée
sans ralentir la consommation. » Il constate de
plus que l'impôt indirect sur l'alcool a l'inconvénient de coûter beaucoup plus cher aux contribuables qu'il ne rapporte à l'Etat, le débitant
augmentant ses prix d'une quotité bien plus élevée que celle de l'impôt.

Le système proposé par M. Alglave consiste à

____

(1) *Revue politique et littéraire* du 10 février 1872.

organiser « pour les liqueurs alcooliques, non
« pas un monopole complet comme celui du ta-
« bac, mais ce qu'on pourrait appeler *le mono-*
« *pole de la dernière vente en gros.* L'état n'inter-
« viendrait aucunement, dans la fabrication des li-
« queurs ni dans le commerce de détail, et les
« marchands en gros continueraient à commer-
« cer entre eux et avec l'étranger comme au-
« jourd'hui, seulement, avant d'arriver au mar-
« chand au détail, les liqueurs devraient passer
« par les mains de l'Etat, et encore pourrait-on
« toujours échapper à cette obligation en payant
« une taxe un peu plus élevée. »

Comment fonctionnerait ce monopole ? Les eaux-
de-vie communes représentent les 95 centièmes de
la consommation. L'État les achèterait par voie
d'adjudications très fractionnées et très multi-
pliées, faites dans tous les centres de fabrication
et de commerce, « de telle sorte qu'il y aurait à
peu près autant d'actes de vente distincts qu'aujourd'hui et que l'organisation générale du commerce intérieur serait peu modifiée. Après avoir
vérifié la pureté de ces eaux-de-vie, on les mettrait
dans des bouteilles d'un demi-litre ou d'un quart
de litre portant des signes très visibles de recon-
naissance.

« Ces bouteilles seraient ensuite vendues au
comptant, sans aucune formalité et expédiées, au
besoin, sur simple demande aux débitants ou

marchands quelconques. Tout débitant de boissons serait tenu d'en avoir, les vendrait d'après le
tarif fixé par l'État, et sur le prix de vente tarifé
recevrait une remise de 10 pour 100, supérieure à
celle qu'on accorde aux débitants de tabac et qui
leur constitue de fort beaux bénéfices. Il serait défendu de transvaser les liqueurs dans d'autres
bouteilles que les bouteilles de l'État, lesquelles
formeraient la preuve du paiement de l'impôt. »

Les débitants auraient d'ailleurs le droit d'acheter la bouteille à la Régie, « qui la ferait payer
vide le même prix que si elle était pleine de liqueur commune », et vérifierait seulement ce que
le débitant y introduirait. Les débitants pourraient donc y verser telle liqueur qu'il leur plai-
rait, qu'ils vendraient sans être tarifée, mais qu
ne pourrait sortir des bouteilles de la Régie que
pour passer dans les verres, *ces bouteilles servant
toujours de preuve de la perception de l'impôt.*

Tout débitant qui verserait avec une bouteille
autre que celle de la Régie, serait par cela même
convaincu de fraude.

Mais, la bouteille une fois vidée, le débitant la
remplira en fraude ! A cette objection, M. Alglave
répond : « La fraude sera difficile et bien res-
treinte ; car, ce débitant ne pourra remplir ses
bouteilles qu'avec de l'alcool sorti en fraude d'un
entrepôt ou d'une fabrique exercée par l'État. »
Mais, dira-t-on, il pourra puiser cette eau-de-vie

chez les bouilleurs de crû, qui ne sont point soumis à l'exercice ! A quoi l'auteur répond : « Il y a là une cause de fraude évidente ; mais dans le nouveau système elle ne serait pas plus dangereuse qu'aujourd'hui, tout au contraire. D'ailleurs, pour éviter le remplissage frauduleux de ces bouteilles, l'État ferait payer en les délivrant aux débitants, une somme de 1 franc qui leur serait remboursée pour chaque bouteille vide rapportée à la Régie.

Nous venons d'esquisser à grands traits ce système nouveau. Voyons quels résultats il permettrait d'obtenir. En supposant les liqueurs communes à 40 degrés centésimaux, le litre atteint le prix de 4 francs, c'est-à-dire qu'on obtient un produit brut de 1,000 francs par hectolitre d'alcool pur. Or, en 1879, la Régie a taxé 1,161,000 hectolitres d'alcool pur ; nous avons donc un produit brut de 1,161 millions. De ce chiffre il faut déduire :

10 p. 100 pour la remise aux débitants . . . . = 116 millions.
10 p. 100 pour l'achat et la manutention de l'alcool. . . . = 116   —

C'est donc 232 millions qu'il faut retrancher du produit brut : il reste comme produit net 939 millions.

En conservant les 13 millions et demi produits par la vente des poudres, les 46 millions rangés au budget sous la dénomination : *Droits divers*, M. Algrave propose de supprimer les 780 millions d'impôts indirects sur les vins, cidre, poiré, hydromel, bières, huiles, papier, sucre, sel, allumettes, etc. Les 939 millions que fournirait l'impôt sur l'alcool réorganisé, combleraient largement ce déficit.

Pour compléter cette réforme du régime des contributions indirectes, M. Alglave demande la suppression des octrois. C'est sur le reliquat de l'impôt sur l'alcool qu'il prélève les 120 à 125 millions que produisent les octrois.

Toutefois M. Alglave reconnaît que l'Etat ne peut accorder ce prélèvement aux communes à octroi, sans l'accorder aussi à celles qui n'en ont pas. Or, les villes à octroi représentent une population à peu près égale au quart de la population totale de la France. Si l'on s'arrêtait, comme base, au chiffre de la population, il faudrait donc, non plus 125 millions, mais quatre fois autant : ce serait 500 millions qu'il faudrait répartir entre toutes les communes de France.

Mais M. Alglave propose une autre base de répartition qui serait, non plus le chiffre de la population, mais la consommation en alcool. Or, les villes à octroi de province représentent, non plus le quart, mais les deux cinquièmes de la consommation totale de la France (396,000 hectolitres sur 1,000,000 hect. en 1876). Sur cette base nouvelle, ce n'est plus 500 millions qu'il faudrait trouver, mais seulement 285.

On pourrait atteindre ce chiffre en élevant de 4 à 5 francs le prix du litre d'eau-de-vie. Cette surtaxe d'un cinquième donnerait une somme brute de 290 millions, que la remise du débitant raménerait à 260. Ce chiffre serait insuffisant pour accomplir la réforme, mais l'Etat pourrait aisément le compléter en accordant aux communes le quart du produit net total de l'impôt au lieu du cinquième. Ce quart représenterait 300 millions.

En résumé, établir au profit des communes une surtaxe d'un cinquième à l'impôt sur les alcools, réorganisé en une sorte de monopole, tel est le système proposé par M. Alglave pour le remplacement des octrois. Comme il le constate lui-même ce procédé serait insuffisant pour remplacer le plus lourd de nos octrois, celui de Paris. En effet, la surtaxe du cinquième n'y produirait que 28 millions, remise déduite, et le produit de l'octroi en 1879 dépassait 125 millions. Du moins aurait-il cet heureux résultat de libérer des entraves de l'octroi tout le reste de la France.

En résumé, sans entrer dans les détails des systèmes sans nombre qu'a fait naître notre difficile problème, nous pouvons les grouper dans quatre divisions assez larges pour les embrasser tous.

1º Les uns proposent de ranger parmi les dépenses de l'Etat une portion de celles des communes de façon à permettre à ces dernières l'abandon de leurs octrois. Mais pour cela il faudrait créer un impot général nouveau qui grèverait la France entière au profit de quelques localités privilégiées. Ce système est, comme on voit, condamné par son injustice : celui-là, en effet, doit seul payer l'impôt qui en profite; de plus, il porte une atteinte sérieuse à l'autonomie communale, par la suppression absolue du vote de l'impôt local, et par ce retour en arrière vers une centralisation excessive.

2° D'autres proposent de créer, à l'exemple de la Belgique, un fonds commun, composé de ressources abandonnées par l'Etat aux communes, et réparties entre elles d'après une base proportionnelle, pour suppléer aux revenus supprimés des octrois. Ce système présente, comme le premier, bien qu'à un degré moindre cet inconvénient de mettre à la charge de l'Etat entier des dépenses et services purement communaux et d'entraver le développement des communes atteintes dans leur plus importante prérogative.

3° Remplacer l'octroi par un impôt que chaque habitant de la commune paierait en proportion de son revenu, tel est le système pratiqué aux Etats-Unis, en Angleterre, en Allemagne, à Genève. On ne saurait lui refuser l'avantage d'être proportionnel, de présenter en théorie la plus grande simplicité pour l'assiette et le recouvre-

ment et par suite une perception peu coûteuse.
Nous avons signalé plus haut le seul écueil sérieux
que présente ce système : l'impossibilité de saisir
et de taxer la partie du revenu mobilier qui consiste en créances chirographaires et en valeurs
étrangères.

4° Remplacer l'octroi par une taxe sur les loyers
et sur la propriété foncière, tel est le système proposé par plusieurs économistes, et qui amènerait,
de l'aveu même de ses partisans, une énorme augmentation de l'impôt foncier. Ce système n'en est
pas moins très sérieux. Nous ne pouvons pas nous
bercer en effet de l'espoir impossible de remplacer
les 250 millions des octrois sans grever le contribuable d'une autre façon. C'est un déplacement
de charges que nous poursuivons, rien n'est plus
vrai ; mais par lui, nous voulons obtenir une répartition plus juste et mieux établie des charges
locales. Une taxe directe, soit sur la propriété
foncière, soit sur les loyers, nous paraît éminemment propre à ce but.

IV.

LÉGISLATIONS ÉTRANGÈRES.

Il nous reste, pour terminer cette étude, à jeter
un coup d'œil rapide sur la législation des États

qui nous entourent, dont les uns ont été unanimes à supprimer les octrois, et les autres, plus favorisés, n'ont jamais connu ces taxes locales.

Belgique. —Il n'est peut-être pas d'Etat où l'octroi ait soulevé un plus fort courant d'impopularité qu'en Belgique. Non-seulement les tarifs comprenaient, avec les objets taxés d'ordinaire, les grains, les farines, les fruits, le beurre, etc., mais certaines villes allaient jusqu'à ériger leur octroi en une sorte de système protecteur : les fourrages apportés du dehors étaient taxés, ceux récoltés à l'intérieur étaient exempts de taxe. Des taxes différentielles frappaient les bières foraines en faveur des bières fabriquées à l'intérieur. Pour transporter une bouteille de liqueur de Bruxelles à Liège, par la route ordinaire il fallait faire six déclarations, subir six visites, payer six fois l'impôt. Les frais de perception montaient jusqu'à 20 et 30 0/0.

Les octrois étaient organisés en Belgique sur des bases analogues à celles du système français. En dernier lieu ils étaient régis par le décret impérial du 17 mai 1809, c'est dire que l'histoire de leur organisation a suivi une marche parallèle à la notre. Il importe cependant de noter deux différences capitales entre les deux pays : en Belgique, l'octroi resta limité à un petit nombre de communes (78 seulement sur 2,538 environ) dont aucune ne retirait un revenu inférieur à 1,000 francs. D'autre part, jamais l'État ne fut admis à opérer de prélèvement sur les revenus de l'octroi. Nous avons vu que, sur ces deux points, il en fut tout autrement en France.

Dès les premières années qui suivirent 1830 une vive animadversion se produisit contre les octrois, le peuple réclamait à grands cris la suppression de ces taxes, et ces récriminations nous paraîtront fondées si nous nous rappelons que les 70 communes qui payaient l'octroi en 1848 fournissaient de ce chef 9 millions. Les plaintes du peuple furent assez fortes pour que, en 1847, le gouvernement nommât une commission d'État pour étudier la question. La commission, adoptant les conclusions de M. de Brouckère, écarta comme impuissante toute idée de révision des octrois et se prononça pour l'abolition radicale, à l'unanimité. La proposition de la commission fut repoussée, non pas qu'on fut en désaccord sur la nécessité de la suppression, on différait seulement sur le mode d'exécution et sur les moyens de remplacement.

Divers systèmes furent mis en avant et repoussés par les Chambres. Cependant le mouvement en faveur de l'abolition s'accentuait, le conseil provincial de Brabant s'y associa. Des commissaires furent envoyés en Angleterre par le gouvernement belge pour y étudier le système des taxes locales, et le 8 décembre 1859 M. Frère-Orban, ministre des finances, communiqua leur rapport à la Chambre.

Le 10 mars suivant il présentait à la Chambre le projet qui devait devenir la loi du 18 juillet 1860. Résumant les griefs depuis longtemps imputés aux octrois, il caractérise en ces termes la combinaison nouvelle : suppression radicale des octrois, réduction des charges publiques, abolition des impôts sur les objets de première nécessité.

Examinons comment fut exécuté le programme de cette réforme par la loi du 18 juillet 1860.

L'art. 1er abolit sans retour les octrois.

L'art. 2 attribue aux communes une part de 40 p. 100 dans le produit brut des recettes de toute nature du service des postes; de 75 p. 100 dans le produit du droit d'entrée sur le café; et de 34 p. 100 sur le produit des droits d'accise fixés par le chapitre II sur les vins et eaux-de-vie provenant de l'étranger, sur les eaux-de-vie indigènes, sur les bières et vinaigres et sur les sucres.

Toutefois, la part de 40 p. 100 et 34 p. 100 sera portée respectivemet à 42 et à 36 p. 100 pour les trois premières années de la mise en vigueur de la présente loi, et le revenu annuel est fixé au minimum de 15 millions jusqu'au 31 décembre 1861.

Aux termes de l'art. 3 le revenu attribué ainsi aux communes est réparti entre elles d'après les rôles de l'année précédente, au prorata du principal de la contribution foncière sur les propriétés bâties, du principal de la contribution personnelle et du principal de la cotisation des patentes.

D'après l'art. 13, la quote-part assignée à une commune par la répartition faite en vertu de l'art. 3 ne peut être inférieure au revenu qu'elle a obtenu des droits d'octroi pendant l'année 1859, déduction faite des frais de perception et des restitutions allouées à la sortie.

Chaque année il sera rendu compte aux Chambres de la situation du fonds communal et de sa répartition (art. 18). Ce compte rendu a constaté que la loi de 1860 avait eu, sans compromettre le budget des villes, les plus heureux effets sur la situation financière des communes rurales.

Signalons, en terminant cette rapide analyse de la loi de 1860, la création par une loi du 20 décembre 1862 d'une réserve destinée à suppléer, le cas échéant, dans les années de crise, à l'insuffisance du fonds communal. Elle est formée de l'augmentation de 1 p. 100 de la quote part primitivement allouée aux communes sur le produit des postes, et de quelques droits d'accise, par l'article 2 de la loi du 18 juillet 1870.

Par quels motifs le gouvenement belge s'est-il arrêté à ce moyen de réforme ? M. de Parieu nous l'indique, dans son remarquable ouvrage auquel nous faisons ici de notables emprunts : « On avait reconnu que l'impôt direct ne devrait pas être surchargé, mais, les taxes d'octroi étant imposées sur des objets de consommation, il avait paru à tous égards légitime et désirable, pour déranger le moins possible l'économie du système financier, que des objets de même nature fournissent la plus forte part de la somme nécessaire pour combler le déficit résultant de la suppression de ces taxes, et que les charges qui pesaient actuellement sur les consommations de première nécessité fussent reportées sur des consommations de luxe ou de fantaisie. D'un autre côté la suppression des octrois, en procurant une plus grande activité à la consommation intérieure ainsi qu'aux relations commerciales de commune à commune et de province à province, exercerait une influ · ence très favorable sur le développement de la prospérité publique et par suite sur le produit des impôts de l'Etat : il était donc naturel que l'Etat contribuât à la formation du fonds communal.»

Tels sont les motifs qui ont amené en Belgique une révolution financière radicale, opérée sur notre matière par la loi de 1860. Les rapports présentés aux Chambres belges, en exécution de l'art. 18, tendent tous à établir les excellents résultats de cette réforme devenue définitive. Mais si l'abolition des octrois a constitué un bienfait pour les populations belges, le procédé employé pour atteindre ce but prête à certaines critiques.

Le système belge amène une véritable confusion entre les finances de l'État et celles des communes, confusion qui va directement à ruiner le principe du « self government ». M. Baudrillart a dit avec raison : « Est-ce en mettant à la charge du pays les dépenses des communes que l'on pense encourager et appliquer ces sentiments et ces principes de responsabilité, d'équité et de proportionnalité qui sont inscrits en tête du droit public moderne chez les peuples civilisés, et de qui dépendent la dignité morale et la liberté des générations futnres ? »

Ce système a, de plus, le grave inconvénient de rendre impossible toute réforme postale et tout dégrévement sur les boissons, sous peine de rompre cet équilibre factice établi dans le budget des communes. »

Notons en dernier lieu que la loi de 1860 n'a pas supprimé le mal : elle l'a amoindri et comme éloigné, en substitnant à un impôt de consommation d'autres impôts de consommation.

Hollande. — L'exemple de la Belgique devait être bientôt suivi par la Hollande. Les octrois très peu nombreux, semblent remonter à une origine fort ancienne. M. Engels fait dater les accises communales de l'année 1305. Quoi qu'il en soit, la législation sur la matière fut fixée par un décret royal du 4 novembre 1806 et par une loi du 29 avril 1819.

En 1851 la Hollande comptait 1000 communes où se percevaient nombre de taxes sur la consommation notamment sur la mouture, sur le bétail, sur le vin, sur les boissons spiritueuses, sur la bière et le vinaigre, etc. Une première loi de 1855, abolissant le droit de mouture au profit de l'Etat, a limité celui que percevaient les communes. Une autre loi du 12 mai 1859 est venue limiter encore le maximum des impôts de consommation levés par les municipalités.

Dès 1864 le roi de Hollande annonçait aux Chambres un projet de loi supprimant les octrois. Dans une séance postérieure, le ministre, M. Betz, développa les moyens qu'il comptait employer pour combler le déficit des finances communales.

L'Etat céderait aux communes :

1º Les 4/5 de la contribution personnelle, montant à......................... 5,971,200 fl.

2• les 21 1/2 centimes additionnels qu'il lève sur l'impôt foncier pour les propriétés bâties, montant à....................... 736,000 »

Le projet ministériel est devenu 6,707,200 fl.

La loi du 7 juillet 1865 qui a prononcé, en principe, l'abolition des octrois. Mais cette abolition décrétée en principe, peut recevoir des exceptions introduites par des lois spéciales, au profit de communes dont la situation financière rendrait indispensable le maintien momentané de leur octroi. Ces exceptions devront être appliquées aussi rigoureusement que possible, pour un terme li-

mité. L'Etat devra même, pour éviter cette dérogation à la loi, fournir aux communes des subventions temporaires puisées au trésor public. Il ne
s'est guère trouvé que 44 communes pour profiter
de cette exception et conserver leur octroi jusqu'au 31 décembre 1871.

L'effet de cette réforme a été de constituer en
déficit les budgets des grandes villes, qui n'ont
pas trouvé, dans les fonds que leur abandonne le
trésor, l'équivalent des octrois abolis. Elles com-
blent ce déficit par des centimes additionnels aux
impots directs de l'État, ou par des taxes locales
directes.

En résumé l'influence de cette réforme sur les
populations néerlandaises a été heureuse, et la
Hollande comme la Belgique peut considérer cette
réforme comme définitive. Nous pouvons y voir,
un argument de plus en faveur du remplacement
de nos taxes locales indirectes par un impôt direct.

En Allemagne la même tendance à supprimer
les taxes de consommation s'est depuis longtemps
déclarée. La Prusse a aboli l'octroi pour les provinces rhénanes autres que la Westphalie par la
loi du 30 mai 1820; en remplacement, elle a mis à
la disposition des communes le 1/3 du produit
brut des droits de mouture. Et depuis lors le courant s'est établi vers la réforme qui, substituant
les taxes directes aux impôts indirects, remplace-

raient ces dernières par l'impôt sur le revenu.
Quelques essais d'impôt progressif ont même été
tentés.

A côté de ces États qui ont aboli déjà où tendent
à abolir les taxes locales de consommation, nous
pouvons en citer qui n'ont maintenu ces impositions indirectes que sous la pression d'inextrica-
bles difficultés financières. L'Espagne, malgré
l'état désastreux de ses finances, après avoir longtemps conservé d'énormes octrois, a vu ces taxes
indirectes supprimées par un décret du 12 octobre
1868, aussi bien pour le trésor que pour les provinces et les municipalités. L'octroi, aboli sans
retour, a été remplacé par un impôt de répartition
payé, sans exception, pas toute personne au-dessus
de 14 ans. Cet impot est réparti proportionnellement
à l'importance des localités et au loyer du contribuable. Ainsi l'Espagne a fait disparaître ce système de taxes indirectes locales que M. Conte a
pu appeler « une imitation monstrueuse des octrois français. »

Quant à l'Italie, nous savons à quelles nécessités
financières elle doit le maintien des impots indirects; le but capital de ses gouvernants, comme
le vœu le plus ardent du peuple, n'en est pas
moins la disparition de ces taxes vexatoires et en
première ligne, du trop célèbre impot sur la mouture.

De tous les Etats européens où l'octroi est inconnu, tels que le Danemark, la Suède, la Suisse, la Turquie, l'Angleterre est sans contredit celui où la vie communale s'est développée avec le plus de vigueur. Il ne sera donc pas sans utilité d'étudier comment la constitution locale anglaise a su pourvoir aux diverses charges locales sans le secours des octrois.

Angleterre (1). — Tandis que les ressources du Trésor sont pour la plus grande partie demandées, dans le Royaume-Uni, aux taxes indirectes (douanes et accise), les ressources locales sont toutes tirées des taxes directes. L'Angleterre n'a jamais connu notre octroi municipal. Les paroisses, comme les bourgs et les comtés puisent leurs ressources dans des taxes locales, ayant chacune pour objet un service spécial, et dont le produit est appliqué à assurer exclusivement ce service.

Ces taxes locales, dont quelques-unes remontent à Edouard Ier, dont le plus grand nombre date de Henri VIII, peuvent se diviser en trois grandes catégories suivant qu'elles s'appliquent à chaque paroisse en particulier, ou bien à un comté, ou bien encore à un bourg ou une cité.

De ces trois divisions administratives de l'Angleterre et du pays de Galle, nous étudierons simplement la paroisse et les taxes locales constituant ses ressources. Ces taxes sont :

---

(1) V. *Traité des impôts*, Esq. de Parieu, tome IV.

I. La taxe des pauvres (poor's rate).

II. Les taxes établies sur la même base que la taxe des pauvres.

III. Quelques taxes reposant sur des bases diverses.

I. *Taxe des pauvres.* — La taxe des pauvres, primitivement établie sous le règne d'Elisabeth, pour subvenir aux charges de l'administration légale des pauvres, à l'entretien des établissements de charité publique, aux secours à domicile, perdant peu à peu son caractère spécial d'impôt de bienfaisance, est devenue une sorte d'impôt général des paroisses. On a successivement greffé sur cette taxe des pauvres, vingt autres taxes, représentant des services et des besoins trop peu importants pour faire l'objet d'une répartition spéciale, mais qui n'ont aucun rapport avec la « poor's rate ».

Dans chaque paroisse l'administration de ce service est confiée à des *maîtres des pauvres* dont la principale mission consiste à déterminer périodiquement par trimestre, par semestre ou par année, la somme nécessaire à l'administration des pauvres dans le ressort. Certaines localités n'ayant pas encore de *maîtres des pauvres*, le montant de la taxe est fixé et la perception est faite par les soins des marguillers et des inspecteurs des pauvres.

La taxe des pauvres est établie sur le revenu net annuel des terres, des maisons et constructions, des dîmes, des houillères, des bois destinés à la vente et exploités par coupes périodiques, enfin des fonds engagés dans le commerce (stock in trade).

L'évaluation de ce revenu imposable se fait dans chaque paroisse par le maître des pauvres. Dès que le comité des maîtres des pauvres a fixé les sommes nécessaires, elle est répartie entre les contribuables, d'après leur revenu, par des inspecteurs des pauvres (*overseers*). Les rôles dressés par ces inspecteurs des pauvres sont rendus exécutoires par ordonnance de deux juges de paix.

La perception de cette taxe est confiée aux mêmes inspecteurs des pauvres, assistés au besoin de collecteurs salariés par la paroisse.

L'emploi des fonds provenant de la taxe est confiée aux maîtres des pauvres et exceptionnellement aux inspecteurs, qui seuls en étaient chargés avant l'acte de 1834.

II. Tel est, retracé à grands traits, le mécanisme de cette taxe des pauvres, sorte d'impôt *principal* de la paroisse, sur lequel viennent se greffer, comme autant de centimes *additionnels*, de nombreuses taxes perçues et réparties d'après la même base. Bornons-nous à les énumérer; ce sont :

1º La taxe des dépôts de mendicité;

2º La taxe d'arpentage et d'évaluation (pour la répartition de l'impôt);

3º La taxe des frais de prison;

4º La taxe des constables (tombée en désuétude);

5º La taxe des grandes routes;

6º La taxe d'éclairage et de surveillance.

III. Dans une troisième catégorie, nous avons rangé des taxes reposant sur des bases diverses; ce sont :

1º La taxe d'église;

2º La taxe de réparation ou de construction d'église;

3º La taxe des cimetières;

4º La taxe des égouts;

5º La taxe de drainage et cloture.

On sait donc que les taxes directes forment la base unique, sauf quelques exceptions locales (1), du système financier des paroisses. Toutes ces taxes ont pour type la taxe des pauvres qui, par la généralisation de sa perception et le chiffre élevé de son produit, est de beaucoup là plus importante. Après elles viennent par ordre d'importance : la taxe d'église, destinée à suppléer à l'in-

---

(1) La ville de Londres perçoit un droit considérable sur le charbon; quelques autres villes maritimes frappent sur les marchandises des taxes ayant le caractère de droit de port.

sufisance des revenus ecclésiastiques, et celle des grandes routes.

Pourquoi les taxes communales en Angleterre ont-elles été généralement maintenues dans la sphère de l'impôt direct? C'est là une question délicate, dont la solution exigerait une étude approfondie de la constitution, éminemment aristocratique, de la paroisse en Angleterre. Qu'il nous suffise de constater que l'administration locale anglaise n'a jamais eu recours à l'octroi pour faire face aux charges qui lui incombent; que les citoyens obtiennent dans ce système des garanties sérieuses contre les dépenses inutiles ou de luxe, garanties que peuvent envier les contribuables de nos grandes villes.

Ajoutons, toutefois, qu'en regard des avantages de la spécialité des taxes, il faut placer un inconvénient grave, que condamneraient nos habitudes françaises de centralisation : le désordre qui naît de la multiplicité des taxes et dont le moindre effet est d'élever les frais de perception assez haut pour dépasser parfois le montant de la taxe elle-même. L'usage du « self-government » a conduit nos voisins à cet abus : pourvoir à chaque cas isolé, en négligeant toutes les pensées et les dispositions générales et puissantes. Si fondées que puissent paraître ces critiques adressées au système anglais, il n'en présente pas moins sur notre organisation des octrois, des avantages telle-

ment indiscutables, que l'Angleterre, la première
à user des taxes indirectes pour ses impots d'Etat,
n'a jamais songé à nous emprunter cette forme
d'impôt pour la substituer à ses mille taxes locales.

V.

L'expérience semble donc prouver sans réplique
bue l'octroi a contre lui, à la fois :

« — L'instinct du peuple qui le maudit ;

« — La résignation rancunière des classes bour-
« geoises qui le subissent en essayant parfois de
« le tromper ;

« — La science économique qui l'a toujours
« condamné ;

« — Les exemples contemporains des nations
« voisines qui l'ont aboli ou ne l'ont jamais
« connu ;

« — Enfin, ces grandes autorités nationales
« Colbert, Turgot et la Constituante qui l'ont in-
« directement ou formellement réprouvé (1). »

En présence d'autorités aussi considérables,
unanimes à condamner les octrois, nous croyons
qu'on ne saurait être téméraire en réclamant leur

---

(1) Enquête agricole de 1809. — Opinion de la minorité
de la sous-commission des octrois. (M. de Butenval)

suppression et en pensant, avec Turgot qu'il est possible de « *trouver mieux* ».

L'État doit, selon nous, maintenir pour les impôts généraux, le principe des taxes indirectes, et continuer à leur demander, comme on le fait en Angleterre, la majeure partie des ressources d'État.

La commune, au contraire, abandonnant l'usage des impôts de consommation, devrait avoir recours aux seules taxes directes. Sans professer une admiration exagérée pour l'organisation des paroisses, sans réclamer dans nos communes la spécialité des taxes anglaises, spécialité d'ailleurs plus apparente qu'effective, nous ne pouvons nous empêcher d'envier à nos voisins, le contrôle incessant qu'ils exercent sur les finances locales. C'est ce contrôle qui forme les citoyens, nous dit M. Deloynes, c'est lui qui les habitue à ne pas rester étrangers aux affaires publiques, et c'est là très certainement une des causes qui ont donné à l'Angleterre les mœurs de la liberté !

Rien ne s'oppose, à notre avis, à ce que la commune, sous le contrôle tutélaire soit du pouvoir exécutif, soit du Parlement, remplace son octroi par des taxes directes. Que les conseils municipaux conservent le droit de choisir entre ces taxes et, suivant les intérêts variables des localités, puissent faire porter ces impositions locales, soit la propriété foncière, soit sur les loyers, soit sur le revenu.

Nous croyons à l'heureuse influence que cette réforme exercerait non-seulement sur le sort matériel des contribuables, mais sur l'éducation politique des citoyens. C'est un moyen assuré d'atteindre cet idéal flatteur que M. Paul Boiteau
propose au réformateur des octrois : « Hâter le
« moment où les citoyens s'occuperont partout
« avec dignité de l'allocation et du maniement des
« deniers publics, où les communes sortiront ainsi
« de tutelle et nourriront des citoyens ; dégager
« de ses dernières entraves la circulation du com-
« merce intérieur ; soulager les citoyens les plus
« pauvres de la communauté nationale, pour
« qu'ils puissent appliquer les leçons qu'on leur
« fait sur l'épargne et secourir eux-même leur in-
« digence intellectuelle ; enfin, se proposer pour
« un temps plus ou moins prochain, un système
« de finances où les besoins et les ressources de
« nos sociétés modernes soient mieux équilibrés. »

De 1851 à 1867 le Sénat du second empire, et de
1865 à 1869 le Corps législatif, répondirent constamment aux nombreuses pétitions réclamant la
suppression des octrois par un ordre du jour pur
et simple ou des refus d'interpellation. Aujourd-
'hui la question est mûre. Le Parlement actuel
ne saurait écarter plus longtemps, par une indif-
férence dangereuse, cette question que M. de
Butenval appelait déjà en 1869 un problème non
plus administratif politique, mais social. Quelle

que soit l'opinion qui triomphe, quel que soit e système adopté, la société actuelle ne saurait s'enfermer plus longtemps dans cet optimisme aveugle, sans mériter l'amer reproche que lui jetait si éloquemment Lamennais, au nom des classes deshéritées, lorsqu'il s'écriait : « Silence au pauvre! »

TABLE DES MATIÈRES

DE LA

DEUXIÈME PARTIE.

Les finances de la commune et la suppression des octrois.

INTRODUCTION HISTORIQUE.

CHAPITRE II.

OCTROIS MUNICIPAUX.

CHAPITRE III.

Paris, impr. F. Picxon. — A. Cotillon & Cie, 37, rue des Feuillantines,
& 24, rue Soufflot.